EDUCAÇÃO EM FILOSOFIA NA CONTEMPORANEIDADE

produção de materiais e sistemas de ensino em filosofia

SÉRIE ABORDAGENS FILOSÓFICAS EM EDUCAÇÃO

inter
saberes

EDUCAÇÃO EM FILOSOFIA NA CONTEMPORANEIDADE

....

produção de materiais e sistemas de ensino em filosofia

2ª edição

Adriano Antônio Faria

inter saberes

Rua Clara Vendramin, 58 – Mossunguê – CEP 81200-170 – Curitiba-PR – Brasil
Fone: (41) 2106-4170 – www.intersaberes.com – editora@intersaberes.com

Conselho editorial
Dr. Alexandre Coutinho Pagliarini
Dr.ª Elena Godoy
Dr. Neri dos Santos
M.ª Maria Lúcia Prado Sabatella

Editora-chefe
Lindsay Azambuja

Gerente editorial
Ariadne Nunes Wenger

Assistente editorial
Daniela Viroli Pereira Pinto

Edição de texto
Monique Francis Fagundes Gonçalves

Capa
Denis Kaio Tanaami (*design*)
Charles L. da Silva (adaptação)
GNT STUDIO/Shutterstock (imagem)

Projeto gráfico
Regiane Rosa

Diagramação
Conduta Design

Iconografia
Regina Claudia Cruz Prestes

Dados Internacionais de Catalogação na Publicação (CIP)
(Câmara Brasileira do Livro, SP, Brasil)

Faria, Adriano Antônio
  Educação em filosofia na contemporaneidade : produção de materiais e sistemas de ensino em filosofia / Adriano Antonio Faria. -- 2. ed. -- Curitiba : Editora Intersaberes, 2023. -- (Série abordagens filosóficas em educação)

  Bibliografia.
  ISBN 978-85-227-0472-9

  1. Filosofia - Estudo e ensino 2. Inovações tecnológicas 3. Tecnologia educacional I. Título. II. Série.

23-142686   CDD-107

Índices para catálogo sistemático:
1. Filosofia : Estudo e ensino   107

Cibele Maria Dias - Bibliotecária - CRB-8/9427

1ª edição, 2015.
2ª edição, 2023.

Foi feito o depósito legal.

Informamos que é de inteira responsabilidade do autor a emissão de conceitos.

Nenhuma parte desta publicação poderá ser reproduzida por qualquer meio ou forma sem a prévia autorização da Editora InterSaberes.

A violação dos direitos autorais é crime estabelecido na Lei n. 9.610/1998 e punido pelo art. 184 do Código Penal.

Sumário

Apresentação ~ 7

Organização didático-pedagógica ~ 11

Introdução ~ 15

Capítulo I
A filosofia em sua gênese e a interligação que ela estabelece com o desenvolvimento humano ~ 21
   1.1 Antes de apresentar a história da filosofia, pode-se apresentá-la em si mesma ~ 24
   1.2 Origens e principais elementos de composição ~ 38

Capítulo II
A tecnologia na sala de aula: ensino de filosofia no espaço cibernético e virtual ~ 87
   2.1 Trazendo esclarecimentos sobre o cibernético ~ 90
   2.2 A possibilidade de interpor uma ágora em sala de aula virtual ~ 108

Capítulo III
  Chamada ao filósofo contemporâneo: o aluno como cidadão ~ 133
  3.1 Breve relato sobre o contemporâneo ~ 136
  3.2 As determinações das políticas públicas educacionais para o ensino da filosofia na escola ~ 145
  3.3 Competências que podem ser desenvolvidas pelo ensino da filosofia ~ 175

Considerações finais ~ 192

Referências ~ 194

Bibliografia comentada ~ 207

Respostas ~ 210

Sobre o autor ~ 212

Apresentação

Nesta obra, realizaremos um estudo sobre a filosofia nos ensinos fundamental e médio no Brasil, trazendo referências à formação de professores em Filosofia para o exercício da atividade docente no ensino básico em instituições públicas e privadas. Por meio da investigação aqui proposta, você encontrará um excelente desafio que o levará a uma caminhada de aprendizado sobre a transição que a ciência filosófica, a exemplo das demais ciências do mundo, realiza na contemporaneidade.

Nosso primeiro registro sobre a filosofia é dado por Bertrand Russel (2014, p. 1) – uma explanação que se refletirá nos conteúdos que construiremos na sequência:

A definição de "filosofia" variará segundo a filosofia que adotarmos; para começar, diremos apenas que há certos problemas, julgados interessantes por certas pessoas, mas que não pertencem, pelo menos até agora, a qualquer uma das ciências especiais. Esses problemas são de molde a levantar dúvidas a respeito do que comumente se entende por conhecimento; e se as dúvidas requerem resposta, esta virá unicamente por meio de um estudo especial, a que denominamos "filosofia". Portanto, o primeiro passo para definir "filosofia" está na indicação de tais problemas e dúvidas – e será também o primeiro passo no verdadeiro estudo da filosofia.

Considerando que há determinações legais relativas à educação nacional que estipulam a obrigatoriedade da Filosofia como parte do grupo de disciplinas que devem compor a estrutura curricular do ensino médio, conforme consta na Lei de Diretrizes e Bases da Educação Nacional (LDBEN) – Lei n. 9.394, de 20 de dezembro de 1996 (Brasil, 1996) –, cremos que há urgência em formar professores que atuem em sala de aula para atender essa demanda.

É realidade que, para que essa atuação seja competente, faz-se necessário consolidar fundamentos para que se institua uma prática diferenciada do ensino de filosofia, que considere os sistemas de ensino atualmente utilizados e a experiência docente (sobre essa ciência) em conjunto com a análise e a produção de materiais didáticos para filosofia nos ensinos fundamental e médio.

Assim, o problema que julgamos pertinente ao nosso enfoque neste livro diz respeito ao ensino da filosofia na escola contemporânea, considerando que estamos, hoje, além da ágora da Grécia Antiga, "um lugar em que os cidadãos se reuniam para grandes deliberações" (Ghiraldelli Junior, 2009, p. 15-16).

Atualmente, o que temos de mais próximo e vibrante dessa ágora é o meio virtual, o ciberespaço, que se tornou "uma ágora eletrônica global em que a diversidade da divergência humana explode numa cacofonia de sotaques" (Castells, 2003, p. 114-115). Esse novo local de encontro torna possível o ingresso à discussão filosófica, no qual o senso comum é modificado e o participante consegue expressar sua vontade e sua opinião.

É justamente nesse ambiente que devemos pensar a Filosofia, levando em consideração a disponibilidade de recursos tecnológicos e virtuais que estão, também, nas instituições de ensino básico do país e que devem fazer parte das estratégias pedagógicas da disciplina.

Com tudo isso, é preciso ressaltar que o ingresso de uma proposta de sistemas e materiais para o ensino da filosofia direcionado ao contexto atual não deverá jamais abandonar os ensinamentos filosóficos anteriores, de modo que a história da filosofia seja o norte para a compreensão dos conceitos que a regeram e para uma nova criação daqui em adiante.

Organização didático-pedagógica

Esta seção tem a finalidade de apresentar os recursos de aprendizagem utilizados no decorrer da obra, de modo a evidenciar os aspectos didático-pedagógicos que nortearam o planejamento do material e como o aluno/leitor pode tirar o melhor proveito dos conteúdos para seu aprendizado.

Introdução ao capítulo

Logo na abertura do capítulo, você é informado a respeito dos conteúdos que nele serão abordados, bem como dos objetivos que o autor pretende alcançar.

Aqui você encontra reflexões que fazem um convite à leitura, acompanhadas de uma análise sobre o assunto.

Perguntas e respostas

Nesta seção, o autor responde a dúvidas frequentes relacionadas aos conteúdos do capítulo.

Indicações culturais

Ao final do capítulo, o autor oferece algumas indicações de livros, filmes ou *sites* que podem ajudá-lo a refletir sobre os conteúdos estudados e permitir o aprofundamento em seu processo de aprendizagem.

Síntese

Você conta, nesta seção, com um recurso que o instigará a fazer uma reflexão sobre os conteúdos estudados, de modo a contribuir para que as conclusões a que você chegou sejam reafirmadas ou redefinidas.

Atividades de autoavaliação

Com estas questões objetivas, você tem a oportunidade de verificar o grau de assimilação dos conceitos examinados, motivando-se a progredir em seus estudos e a se preparar para outras atividades avaliativas.

Atividades de aprendizagem

Aqui você dispõe de questões cujo objetivo é levá-lo a analisar criticamente determinado assunto e aproximar conhecimentos teóricos e práticos.

Consultando a legislação

Você pode consultar também os textos legais relacionados aos assuntos abordados no capítulo.

Bibliografia comentada

Nesta seção, você encontra comentários acerca de algumas obras de referência para o estudo dos temas examinados.

Introdução

Dentro do assunto *educação direcionada à disciplina de Filosofia*, o tema do estudo proposto neste livro é a *produção de materiais e sistemas de ensino em Filosofia*. Para contextualizá-lo, procuramos, antes de tudo, refletir sobre Filosofia, a matéria, em atendimento à legislação das políticas públicas educacionais para os ensinos fundamental e médio. Como bem colocado por Gallo (2010, p. 159): "depois de muitos anos de ausência nos currículos da educação média brasileira, os professores de Filosofia veem-se confrontados com o retorno de sua disciplina aos currículos e perguntam-se: O que fazer? Como fazer? Mas, também: por que fazê-lo?".

Para Augusto Comte (1948), é preciso migrar para uma nova sociedade, organizada pela filosofia positiva, na qual a educação moral deverá ensinar aos homens os seus deveres para além de seus direitos. Com base nesse conceito, corroboramos com o autor quando ele diz "que a vã e tempestuosa discussão dos direitos seja, enfim, substituída por fecunda e salutar apreciação dos diversos deveres essenciais, quer gerais, quer especiais" (Comte, 1948, p. 47).

Não resta dúvida de que é sempre tempo de ensinar Filosofia, seja esta uma disciplina obrigatória ou não. O enfoque agora é trazer ao ambiente escolar o interesse do aluno na discussão sobre essa matéria, seus conceitos pacificados e os novos parâmetros que ela adquire na contemporaneidade. Para isso, é necessário promover reflexões sobre a moral e a ética e suas discussões históricas, permitindo o desenvolvimento de uma capacidade atualizada do aluno em pensar e em se posicionar perante o mundo, assumindo uma atitude de cidadania plena.

Nesse contexto, podemos nos questionar: Será que pensar em construir novos materiais e sistemas de ensino de filosofia significa abandonar uma determinada linha de pensamento ou corrente filosófica? A resposta a que chegamos é **não**, pois os conceitos preexistentes jamais serão suplantados e cada um deles tem a sua razão. O novo ambiente que se descortina deve abranger materiais que analisem a filosofia do mundo tal como está registrada, porém seguindo o que Gallo (2010, p. 163) denomina *oficinas de conceitos*:

> Fazer das aulas de Filosofia laboratórios de experiências de pensamento [...]. Um ensino ativo da Filosofia, que coloque os jovens estudantes em contato com a própria atividade filosófica: a criação conceitual, mais do que com sua história, ou com os temas dominantes nessa história, ou com os temas hoje importantes. [...] proponho focarmos o ensino no conceito e em sua produção, no ponto de partida do pensamento, isto é, nos problemas que os motivam.

Para a constituição dos estudos propostos nesta obra, levamos também em consideração os pressupostos de Cantista (2006) sobre como a elaboração do ensino de filosofia na contemporaneidade deve prever, seguramente, a associação de conteúdos referentes à **filosofia contemporânea** e à **história da filosofia** – mas, sobretudo, estabelecer alguma vinculação com outras áreas do saber, que podem incluir as **histórias das culturas** e a **sociologia do saber**.

Para esta obra, planejamos uma estrutura de construção de assuntos que serve como diretriz à composição dos capítulos.

Competências:

- » trazer uma proposta de ensino da filosofia que motive o aluno para a discussão filosófica;
- » apresentar o quadro teórico da filosofia em sua gênese e evolução, a fim de que o aluno compreenda como se dão as transições para a contemporaneidade;
- » oportunizar a busca e a reflexão sobre os contextos filosóficos, a fim de auxiliar o aluno no conhecimento de si e de seu papel no mundo;
- » incentivar a formulação de questionamentos acerca de problemas vividos na educação em relação ao ensino da filosofia;
- » fazer o aluno compreender e vivenciar a oportunidade de discutir filosofia nos meios tecnológicos virtuais;
- » incentivar o posicionamento do aluno no mundo com base em sua postura filosófica, pela emissão de opiniões e a discussão de temáticas nas redes sociais;

» esclarecer a importância da filosofia como elemento essencial do ser humano, ao pensar e ao compreender-se como indivíduo no mundo.

Conhecimentos:

» a história clássica da filosofia, de modo que o aluno perceba as principais características de cada época filosófica;
» os conteúdos filosóficos do pós-moderno, para que o aluno possa compreender a adequação destes à realidade atual do mundo;
» o uso da internet e das tecnologias virtuais como recurso pedagógico ao ensino da filosofia.

Habilidades:

» descrever o histórico do ensino da filosofia na educação básica nacional;
» relatar a importância do ensino da filosofia para a formação autônoma e cidadã do aluno;
» apresentar o pensamento filosófico com base nos autores clássicos da filosofia e nos dogmas e conceitos que regeram a ordem na civilização em relação ao exercício do direito;
» mostrar a eficiência da filosofia em sua discussão e prática para a construção do pensamento pedagógico;

» demonstrar que a realidade atual comporta novos modelos de discussão filosófica que contribuem para a formação do indivíduo;
» avaliar de que forma o ingresso do aluno em um ensino virtual pode motivar o conhecimento filosófico na contemporaneidade, auxiliando o contexto pedagógico e de formação básica;
» refletir sobre os novos instrumentos pedagógicos que possam ser utilizados no ensino da filosofia em sala de aula.

Em relação à organização desta obra, os capítulos, se estruturam da seguinte maneira:

» O Capítulo 1 tem como norte a descrição da filosofia em seus conceitos relativos à educação e ao desenvolvimento humano, com abordagem dos contextos filosóficos que versam sobre a aquisição do conhecimento pelo ser humano em relação a si mesmo, como indivíduo no mundo.
» O Capítulo 2 propõe a dissertação de novas modalidades de ensino que têm sido proporcionadas pela Tecnologia de Informação e Comunicação (TIC), área que trouxe o espaço cibernético, a virtualidade e as interações sociais na rede e inseriu o ensino de filosofia como uma oportunidade de despertar o interesse para o fazer filosófico.
» O Capítulo 3 trata sobre a chamada para a prática da filosofia, com a argumentação de que, ao inserir o aluno no meio cibernético da ágora, o docente propicia a ele o desenvolvimento da interação filosófica, como mediador e orientador,

instruindo-o sobre sua tomada de posicionamento e autonomia na formação cidadã, a exemplo do que determina a Lei de Diretrizes e Bases da Educação Nacional (LDBEN) – Lei n. 9.394, de 20 de dezembro de 1996 (Brasil, 1996).

Esperamos que esta obra contribua para o seu desenvolvimento como docente e que sirva de fonte de inspiração e reflexão para que o ensino-aprendizagem da filosofia na educação básica possa ser vivido e aproveitado em toda sua riqueza.

Bom estudo!

I

A filosofia em sua gênese e a
interligação que ela estabelece
com o desenvolvimento humano

Ao final da leitura deste capítulo, pretendemos que você conheça a história clássica da filosofia e que possa perceber as principais características de cada época filosófica. O objetivo é que, no futuro, você possa elaborar propostas que despertem no aluno dos ensinos fundamental e médio o interesse e a ação para a discussão filosófica e para o fazer filosofia.

Sendo assim, podemos dizer também que este capítulo tem o objetivo de servir como base para que você possa se apropriar de concepções teóricas da filosofia, compreendendo sua gênese e evolução como ciência. Para isso, apresentaremos aspectos sintetizados dos clássicos, com os dogmas e os conceitos que regeram a ordem na civilização, a fim de fortalecer o processo de ensino-aprendizagem entre aluno e professor, para que este possa transmitir aos discentes sua compreensão das transições das doutrinas filosóficas e seus conceitos para a contemporaneidade.

Este capítulo tem como objetivo a reflexão sobre os contextos filosóficos no sentido de auxiliar o leitor no conhecimento de si mesmo e de seu papel no mundo.

1.1 Antes de apresentar a história da filosofia, pode-se apresentá-la em si mesma

É importante explicar ao leitor que, mesmo seguindo uma ordem cronológica para a elaboração desta obra, foi necessário ir e vir livremente entre os conhecimentos dos precursores da filosofia para o levantamento de registros sobre **conceitos e concepções que perpassam os séculos**.

Buscaremos, portanto, fazer uma costura entre os vários pensamentos, opiniões, obras e doutrinas ao longo dos diversos períodos em que se escreveu a história da filosofia, acrescentando fielmente o autor de cada texto para que você possa desenvolver pesquisas posteriores, de acordo com seus interesses.

Igualmente ressaltamos que não será construída a explanação de todos os filósofos citados, pois queremos, deliberadamente, fazer com que você expresse a sua curiosidade mediante a realização de pesquisas, estudos, buscas e investigações, a fim de compreender por si próprio a linha cronológica dos filósofos no mundo.

Daremos início ao preâmbulo deste capítulo citando Immanuel Kant (1999, p. 444), quando ele afirma a necessidade de o homem se educar:

> O homem não pode se tornar um verdadeiro homem senão pela educação. Ele é aquilo que a educação dele faz. Note-se que ele só pode receber tal educação de outros homens, os quais a receberam igualmente de outros. Portanto, a falta de disciplina e de instrução em certos homens os torna mestres muito ruins de seus educandos. Se um ser de natureza superior tomasse cuidado da nossa educação, ver-se-ia, então, o que poderíamos nos tornar. Mas, assim como, por um lado, a educação ensina alguma coisa aos homens e, por outro, não faz mais do que desenvolver nele certas qualidades, não se pode saber até aonde nos levariam as nossas disposições naturais.

A definição de *educação*, para Kant (1999), é de que esta é uma arte a ser aperfeiçoada em sua prática constante, considerando que cada geração possui os seus próprios conhecimentos e ainda armazena os trazidos pelas gerações que a precedeu. Esse argumento fortalece o contexto em que a educação deve ser desenvolvida de forma a atuar naturalmente em proporção e conformidade com o intuito de guiar o homem ao seu destino.

Relacionando a educação com as questões da ética e da moral que são constantes na ciência filosófica, Kant (1999, p. 455) salienta que:

> O homem precisa da formação escolástica, ou da instrução, para estar habilitado a conseguir todos os seus fins. Essa formação lhe dá um valor em relação a si mesmo, como um indivíduo. A formação da prudência, porém, o prepara para tornar-se um cidadão, uma vez que lhe confere um valor público. Desse modo ele aprende tanto a tirar partido da sociedade

civil para os seus fins como a conformar-se à sociedade. Finalmente, a formação moral lhe dá um valor que diz respeito à inteira espécie humana.

Ao pensarmos nos motivos que justificam a inserção da disciplina de Filosofia nos ensinos fundamental e médio e ainda nas razões de se trazer o ensino da filosofia antiga nesse contexto, podemos recorrer à produção de Cornelli (2010), que situa a filosofia antiga na educação como local de procedência da cultura ocidental.

Se questionarmos, portanto, se é pertinente ensinar filosofia antiga na escola brasileira – porque não se sabe o sentido de falar de Platão para alunos tão distantes da época em que o pensador viveu –, uma resposta sensata poderia ser: "A Filosofia no Brasil encontra-se em um não lugar geofilosófico" (Cornelli, 2010, p. 46). A proposta dessa autora é que a escola nacional não se lamente sobre esse não lugar, mas que o ensino da filosofia antiga no Brasil sirva para que o aluno possa perceber "a *ocasião/possibilidade* de certa forma única que essa *marginalidade* lhe proporciona" (Cornelli, 2010, p. 46, grifo do original).

Nesse sentido, o ensino da filosofia para esse aluno, concernente às questões que se referem ao conhecimento e à experiência, traz à tona "a figura do sujeito que se encarna em nós mesmos", como professores, bem como no aluno que está presente na escola para ser ensinado (Gelamo, 2009b, p. 101).

Segundo Gelamo (2009a, p. 132), "o pensamento filosófico ocidental constituiu-se, precisamente, a partir de uma referência quase obsessiva a essa figura e, consequentemente, a partir dessa figura foi sendo criada uma concepção de ensino e de aprendizagem que passou a nortear o ensino da filosofia".

Trata-se, evidentemente, de uma configuração acerca da educação na qual o indivíduo precisa ser formado para se tornar apto a encontrar a verdade. Sendo assim, o ensino da filosofia possibilita o retorno incessante a essa figura projetada do indivíduo e à discussão a respeito de como este deve ser reconstruído (Gelamo, 2009a, p. 132).

Assinalamos que a formação crítica e autônoma passa antes pela prática da reflexão sobre si, sobre o mundo e todos os seus elementos, valores, dogmas, doutrinas, os quais dignificam o homem em seu movimento para a vida e para o futuro.

"O homem tem necessidade de cuidados e de formação. A formação compreende a disciplina e a instrução". (Kant, 1999, p. 443).

A literatura registra o mesmo questionamento diversas vezes: O que é a filosofia? Para Aranha e Martins (1993, p. 130), "a filosofia é sobretudo uma atitude, um pensar permanente. É um conhecimento instituinte, no sentido de que questiona o saber instituído".

Respondendo essa mesma pergunta, Thomas Hobbes (2005, p. 8) escreveu:

> A FILOSOFIA é o conhecimento dos efeitos ou aparências, que adquirimos raciocinando corretamente a partir do conhecimento que temos inicialmente de suas causas ou geração; bem como [o conhecimento] de quais podem ser essas causas ou gerações, a partir do conhecimento de seus efeitos.

Triches et al. (2009, p. 14-15) permitem que façamos uma síntese de diferentes percepções a respeito do que é a filosofia:

- » Platão e Aristóteles entendiam a filosofia como o resultado da admiração e do estranhamento diante do espetáculo do mundo.
- » Para Platão, "a Filosofia é o saber que, em face das contradições da realidade, atinge a visão do verdadeiro – isto é, das ideias".
- » Aristóteles falava da função da filosofia, da investigação das causas e dos princípios das coisas, concluindo que "a filosofia é a ciência do ser enquanto ser e, em última instância, a ciência do princípio dos princípios, da causa última".
- » Na Idade Média, Francis Bacon definiu a filosofia como "o conhecimento das coisas não pelos seus fenômenos transitórios, mas pelos seus princípios imutáveis".
- » Para René Descartes, a filosofia "é o saber que averigua os princípios de todas as ciências e, enquanto filosofia primeira (a metafísica), ocupa-se da elucidação das verdades últimas".
- » John Locke, George Berkeley e David Hume consideraram a filosofia, de modo geral, como crítica das ideias abstratas e reflexão atinente à experiência.
- » Immanuel Kant apresentou a filosofia como "um conhecimento racional por princípios".
- » Para a corrente do idealismo alemão, a filosofia era apontada como um sistema do saber absoluto, dedução do mundo partindo do próprio eu, segundo Johann Gottlieb Fichte.

> Já Georg Wilhelm Friedrich Hegel apresenta a filosofia "como a consideração pensante das coisas, identificando-se assim com o espírito absoluto, isto é, o espírito plenamente consciente e conhecedor de si".

Registrando uma definição contemporânea, destaca-se Iber (2012, p. 31):

> A Filosofia é argumentativa, por isso existe uma distinção entre a Filosofia e outros tipos de atividades humanas como a religião, a arte, a poesia, etc. A Filosofia se ocupa com a explicação dos conceitos dados *a priori*, portanto, dos conceitos que não nascem da experiência, mas nascem do pensar.

Em outra explicação sobre o conceito de *filosofia*, Aranha e Martins (1993) a apontam como sendo **movimento a exemplo do próprio mundo**. Nela, "A certeza e sua negação são apenas dois momentos (a tese e a antítese) que serão superados pela síntese, a qual, por sua vez, será nova tese, e assim por diante" (Aranha; Martins, 1993, p. 135).

Como procura da verdade, e jamais a posse desta, a filosofia propõe a caminhada, quando as perguntas se tornam fundamentais para além das respostas que possam ser obtidas; quando essas respostas vêm, cada uma delas será uma nova pergunta (Aranha; Martins, 1993).

Como consta nas *Orientações curriculares para o ensino médio*, do Ministério da Educação (MEC), "A pergunta acerca da natureza da filosofia é um primeiro e permanente problema filosófico. Não podendo ser solucionado aqui mais que parcialmente (nem devendo ser solucionado integralmente em nenhum lugar)" (Brasil, 2006b, p. 21).

Dentre tantas apresentações sobre o que é a filosofia, cabe citarmos também a visão de Deleuze e Guattari (2007, p. 9) sobre o assunto: "já tínhamos a resposta que não variou: a filosofia é a arte de formar, de inventar, de fabricar conceitos".

Conforme Gallo (2000), a palavra grega *filosofia* associa-se ao termo *amizade*, e este remete à *proximidade*, ao encontro com o saber, ou seja, o *conceito*. Nesse processo, o amigo se caracteriza como um personagem conceitual, relevante para a definição dos conceitos; ou seja, o personagem do filósofo (que nasce com os gregos) é aquele que, ao buscar a sabedoria, – "que nunca é de antemão, mas sempre procura, produção – inventa e pensa o conceito" (Gallo, 2000, p. 4) de modo inverso aos sábios, cuja fonte de inspiração consistia em figuras e imagens.

Sobre essa definição do filósofo como **amigo do conceito**, Deleuze e Guattari (2007, p. 10) afirmam que os conceitos:

> têm necessidade de personagens conceituais que contribuam para sua definição. Amigo é um desses personagens, do qual se diz mesmo que ele testemunha a favor de uma origem grega da filosofia: as outras civilizações tinham Sábios, mas os gregos apresentam esses "amigos" que não são simplesmente sábios mais modestos. Seriam os gregos que teriam sancionado a morte do Sábio, e o teriam substituído pelos filósofos, os amigos da sabedoria, aqueles que procuram a sabedoria, mas não a possuem formalmente.

A seguir, relacionamos algumas afirmações feitas por Deleuze e Guattari (2007) em sua obra:

» O filósofo é o amigo do conceito, o próprio conceito em potência.
» A filosofia vai além da simples arte de formar, de inventar ou de fabricar conceitos, porque os conceitos não são, necessariamente, formas, achados ou produtos.
» A filosofia, mais precisamente, é a disciplina que consiste em criar conceitos.
» A criação de conceitos sempre novos é o objeto da filosofia.
» Porque o conceito deve ser criado, remete ao filósofo como aquele que o tem em potência ou que tem sua potência e sua competência.
» Compete apenas à filosofia criar conceitos no sentido estrito.
» Os conceitos devem ser inventados, fabricados ou, antes, criados, e não seriam nada sem a assinatura daqueles que os criam.

Iber (2012) menciona os escritos de Aristóteles, ao apresentar uma coleção de conceitos filosóficos iniciais, desenvolvendo em seguida uma doutrina das categorias do ser, da qual o autor conclui: "A reflexão filosófica é, portanto, a elucidação dos conceitos dados *a priori*" (Iber, 2012, p. 17).

Esse autor ainda argumenta que é preciso fazer distinção entre conceitos e declarações, indicando como fatos os temas nas ciências e, consequentemente, a verdade das declarações e suas explicações. No caso da filosofia, as declarações não são consideradas em primazia, e sim os conceitos, uma vez que as declarações aparecem somente na resposta a questões sobre os conceitos.

Gallo (2008) afirma que, se o conceito deve ser assinado, cada filósofo ressignifica um termo da língua com um sentido singular e exclusivo. São exemplos: a **ideia**, de Platão; o *cogito*, de Descartes; a **mônada**, de Leibniz; o **nada**, de Sartre; o **fenômeno**, de Husserl; a **duração**, de Bergson. O resultado disso é que "A assinatura remete ao **estilo** filosófico de cada um, à forma particular de pensar e de escrever" (Gallo, 2008, p. 54, grifo nosso).

Reiteramos o aconselhamento dado por Friedrich Nietzsche sobre a produção/criação de conceitos pelo filósofo no seguinte trecho: "os filósofos não devem mais contentar-se em aceitar os conceitos que lhes são dados, para somente limpá-los e fazê-los reluzir, mas é necessário que eles comecem por fabricá-los, criá-los, afirmá-los, persuadindo os homens a utilizá-los" (Nietzsche, citado por Deleuze; Guattari, 2007, p. 12-13).

O arremate dessas considerações é o registro da definição decisiva de filosofia: "conhecimento por puros conceitos" (Deleuze; Guattari, 2007, p. 15); contudo, somente podemos reconhecer ideias como conceitos se estas forem criadas ou construídas pelo filósofo que os assina, desde o princípio, segundo uma intuição particular[1].

> Somente podemos reconhecer ideias como conceitos se estas forem criadas ou construídas pelo filósofo que os assina, desde o princípio, segundo uma intuição particular.

Gallo (2008, p. 23) faz o seguinte questionamento: "Se o ato filosófico consiste na criação de conceitos, devemos, filosoficamente, perguntar: o que é um conceito?". Esse autor ressalta ainda que essa é uma questão para a qual a história da filosofia nunca delegou a atenção

---

1 Segundo o veredicto nietzscheano.

necessária, mas sempre a tomou como um dado, "um 'sempre já presente', algo que não precisa ser explicado" (Gallo, 2008, p. 23-24).

Sendo o conceito tomado como criação, precisamos saber o que ele é e quais são as condições e possibilidades apresentadas à sua produção, a fim de que possamos estabelecer uma real pedagogia do conceito. O conceito pode ser definido como uma aventura do pensamento que institui um ou vários acontecimentos, permitindo um ponto de vista sobre o mundo, ou melhor, uma **ressignificação do mundo** (Gallo, 2008).

Stein (2004) assegura: quando discutimos proposições filosóficas, estamos fazendo filosofia; é uma atividade que consiste em executar conceitos e proposições filosóficas, discutir seu caráter, sua origem, sua finalidade, seu alcance e sua legitimidade.

Compreender o que é o conceito e o modo como ele é criado possibilita ao aluno que aprende filosofia exercitar sua capacidade criadora ao se deparar com o conceito de outrem, o que se caracteriza como a condição inerente à percepção, para todos, e que nos permite passar de um mundo a outro:

> No caso do conceito de Outrem, como expressão de um mundo possível num campo perceptivo, somos levados a considerar de uma nova maneira os componentes deste campo por si mesmo: outrem, não mais sendo nem um sujeito de campo, nem um objeto no campo, vai ser a condição sob a qual se redistribuem, não somente o objeto e o sujeito, mas a figura e o fundo, as margens e o centro, o móvel e o ponto de referência, o transitivo e o substancial, o comprimento e a profundidade. [...] É assim que, a partir de um plano determinável, se passa de um conceito a outro, por uma espécie de ponte: a criação de um conceito de Outrem, com tais componentes, vai levar à criação de um novo conceito de espaço perceptivo, com outros componentes, a determinar (não se chocar, ou não se chocar demais, fará

parte de seus componentes). [...] cada conceito remete a outros conceitos, não somente em sua história, mas em seu devir ou suas conexões presentes. (Deleuze; Guattari, 2007, p. 30-31)

Stein (2004) defende que a manipulação de um conceito filosófico no contexto de uma discussão ou no conteúdo de um texto implica fazer com que este se torne comum ao grupo com o qual interagimos – melhor: significa "introduzi-lo, justificando, delimitando e mostrando o seu alcance dentro do uso pessoal que se faz" (Stein, 2004, p. 96).

Por isso, o autor afirma que o uso aleatório de conceitos é uma decisão difícil, mesmo que a pretensão inicial seja a reconstrução desse conceito (Stein, 2004). Como alternativa, Stein (2004) sugere que sejam fornecidas razões e argumentos acerca dos limites e do alcance quanto ao uso desse conceito, transmutando, portanto, a condição de aleatório para uma decisão singular àquele conceito em específico ou a muitos deles – utilizados no discurso filosófico do sujeito.

Sintetizando, um conceito filosófico tem em si a **mediação**, posto que passa a ter um significado na medida em que é usado pelo indivíduo e no contexto em que esse uso é realizado. Essa ação tem como propósito operar um conceito filosófico "de tal maneira que este venha a tomar legitimidade pela ramificação que o sustenta no contexto de outros conceitos" (Stein, 2004, p. 98).

Deleuze e Guattari (2007) já haviam proposto que os conceitos são pontos de vibrações em si mesmos e em relação a outros. Os autores afirmam que "por isso tudo ressoa, em lugar de se seguir ou de se corresponder. Não há nenhuma razão para que os conceitos se sigam" (Deleuze; Guattari, 2007, p. 35), posto que são como totalidades fragmentárias, cujos contornos irregulares não se correspondem.

> **Perguntas e respostas**
>
> **Se o conceito é o precursor de um novo fazer filosófico, este significa um desafio contínuo de indagações e de criação?**
>
> Com certeza sim, posto que, na medida em que novos problemas são identificados no âmbito do filósofo e da filosofia, o próprio contexto que se constrói determina a sua resolução, quando então são necessários conceitos filosóficos para elucidar os elementos desses problemas.

A filosofia jamais deixará de ser a arte de perguntar. De acordo com Silva (2007, p. 25), "a filosofia é a arte, por assim dizer intransitiva, de perguntar. Perguntar sobre o tudo, sobre o nada, sobre a própria pergunta. A comunicação, de alguma maneira, é o território da resposta". Observando essa descrição, entendemos a mensagem do autor quando este afirma que o começo e o fim da filosofia podem se dar na pergunta, sendo a resposta contingente; a pergunta é estímulo, aquilo que liga.

Analisando as definições que já apresentamos neste capítulo sobre o que é a filosofia, concluímos que é exatamente nas diferentes formas de pensar e de fazer a filosofia que esta veio caminhando ao longo dos séculos, ultrapassando tantos e diversos contextos históricos e produções individuais e fomentando cada vez mais a busca pelo esclarecimento das coisas e dos fatos do mundo.

Com isso, entendemos que a produção de uma obra que mostre um pouco de cada pensamento teórico filosófico não é uma tarefa fácil de se realizar, mas também que os poucos pontos que podem ser abordados sobre a filosofia, em cada um de seus filósofos, com certeza têm influência nos pensares, questionamentos e formulações filosóficas que serão registradas em uma nova era da filosofia.

Em outra modalidade de pergunta, mas igualmente pertinente ao conteúdo deste capítulo, trazemos Aranha e Martins (1993), que questionam sobre a necessidade da filosofia. Respondendo a essa questão, explicam: "Está no fato de que, por meio da reflexão [...], a filosofia permite ao homem ter mais de uma dimensão, além da que é dada pelo agir imediato no qual o 'homem prático' se encontra mergulhado" (Aranha e Martins, 1993, p. 134).

Em relação a esse questionamento lançado por Aranha e Martins (1993), Chaui (2000) afirma ser essa uma pergunta interessante e explica que não se ouve alguém perguntar: "para que matemática ou física? Para que geografia ou geologia? Para que história ou sociologia? Para que biologia ou psicologia? Para que astronomia ou química? Para que pintura, literatura, música ou dança? Mas todo mundo acha muito natural perguntar: Para que Filosofia?" (Chaui, 2000, p. 10).

Ao discorrer sobre as reais necessidades da filosofia, a autora indica que a avaliação dos fundamentos dos atos humanos e dos fins a que eles se destinam é função da filosofia; além disso, a filosofia ainda promove a associação do pensamento disperso e o unifica; busca no tempo a ação sem muita expressividade e a compreende (Chaui, 2000).

A filosofia é uma necessidade

O ser humano precisa da filosofia porque ela lhe possibilita a transcendência, caracterizada pela capacidade inata de superar a situação dada e não escolhida, que está em sua vivência. Ao realizar a transcendência, "o homem surge como ser de projeto, capaz de liberdade e de construir o seu destino" (Aranha; Martins, 1993, p. 89).

Antes dessa explicação, Hobbes (2005, p. 11) já havia registrado a utilidade da filosofia sob o seguinte argumento: "Podemos compreender melhor qual é a **utilidade** da filosofia, especialmente a da filosofia natural e da geometria, levando em conta as principais comodidades de que a humanidade pode dispor, e comparando o modo de vida dos que delas desfrutam com o de outros às quais elas faltam" (grifo do original).

Com base no que citamos, podemos dizer que é evidente que Hobbes (2005) via a diferença na forma de vida daqueles que faziam filosofia em relação à dos que não faziam. Ele afirma que os "enormes benefícios que os homens recebem dessas ciências são mais fáceis de entender do que de expressar em palavras" (Hobbes, 2005, p. 11) – ou seja, os benefícios trazidos pela filosofia e pelas técnicas que a humanidade havia já desenvolvido eram desfrutados por quase todos os povos da Europa, Ásia e África.

Esse mesmo autor questiona acerca do fato de que os americanos e os que viviam próximos aos polos careciam completamente desses benefícios: "Mas por quê? Seriam aqueles mais inteligentes do que estes? Não têm todos os homens uma mesma alma e as mesmas faculdades da mente? Que, então, produz essa diferença senão a filosofia? A filosofia, portanto, é a causa de todos esses benefícios" (Hobbes, 2005, p. 11-12).

> **Perguntas e respostas**
>
> **Das afirmações de Hobbes (2005) citadas neste capítulo, podemos entender que grande parte do sofrimento do ser humano pode estar diretamente vinculado a uma ausência de pensar filosófico?**
>
> É evidente que nada pode certificar uma resposta afirmativa; no entanto, pode-se sustentar que, ao fazer filosofia, o indivíduo se compreende como autônomo e detentor da capacidade de pensar e de analisar o mundo e a sua vida, escolhendo, diante das oportunidades, uma forma de estar no mundo que seja agradável e sadia.

1.2 Origens e principais elementos de composição

Ao realizarmos os registros, ainda que sucintos, sobre a origem da filosofia nesta obra, lembramos que o Ministério da Educação (MEC), ao definir a obrigatoriedade do ensino da Filosofia na educação básica, destaca que é preciso encontrar a confluência entre a especificidade da filosofia e seu papel formador na escola, preservando o foco no contexto no qual ela mantém sua história: uma relação singular, com retorno aos textos clássicos para identificar a sua identidade, atualidade e sentido (Brasil, 2006b, p. 27).

Para o ensino da filosofia, é importante ter sempre em elevada consideração a história dessa ciência, porque o aluno poderá assim encontrar elementos que o motivem para o estudo filosófico. Ainda mais:

> É recomendável que a história da Filosofia e o texto filosófico tenham papel central no ensino da Filosofia, ainda que a perspectiva adotada pelo professor seja temática, não sendo excessivo reforçar a importância de se trabalhar com os textos propriamente filosóficos e primários, mesmo quando se dialoga com textos de outra natureza, literários e jornalísticos, por exemplo". (Brasil, 2006b, p. 27)

A filosofia nasceu na Grécia, sendo atribuída aos pré-socráticos Heráclito e Parmênides, cujas obras foram, em grande parte, perdidas pela ação do tempo. Sobraram registros apenas de alguns fragmentos e comentários trazidos por filósofos do período clássico.

Em seu surgimento, a filosofia marca a transição da cosmogonia para a cosmologia, tendo na primeira a caracterização do pensamento descritivo, explicando a criação do caos no cosmos, como decorrência da geração dos deuses, identificados às forças da natureza. "Na cosmologia, as explicações rompem com a religiosidade: a *arché* (princípio) não se encontra mais na ordem do tempo mítico, mas significa princípio teórico, enquanto fundamento de todas as coisas" (Aranha; Martins, 1993, p. 160).

A filosofia marca a transição da cosmogonia para a cosmologia, tendo na primeira a caracterização do pensamento descritivo, explicando a criação do caos no cosmos, como decorrência da geração dos deuses, identificados às forças da natureza.

Segundo expõem Triches et al. (2009), o pensamento filosófico grego abrange três períodos específicos:

1. Pré-socrático ou cosmológico, atribuído ao primeiro filósofo reconhecido como tal, Tales de Mileto, até Sócrates.
2. Antropológico ou socrático, de Sócrates a Aristóteles.
3. Helenístico-romano, iniciando com os grandes sistemas cosmopolitas, no século IV a.C., até o final do Império Romano do Ocidente.

Acerca do primeiro período, o pré-socrático, Carreto (2008, p. 55) aponta:

> Os primeiros filósofos [...] são pré-socráticos. Mas, contrariamente ao que o termo dá a entender, os pré-socráticos não são somente os arautos e precursores do pensamento de Sócrates – e por extensão de Platão e Aristóteles –, mas aqueles que inauguraram verdadeiramente uma nova forma de pensar que rompe com as tradições orais da Grécia arcaica. Com os pré-socráticos, a sabedoria humana passa do solilóquio ao diálogo.

Segundo expõe Carreto (2008), foram os pré-socráticos, tidos como primeiros filósofos, os responsáveis pela busca do caráter ordenado, legal e racional do mundo. Nesse contexto, a filosofia é reconhecida como um instrumento que deve servir ao homem para o **conhecimento** e para a vida prática, moral e política, definida como sendo a **razão**.

Scheunemann (2010) acrescenta um quarto momento, mas o situa após o período antropológico ou socrático e antes do helenístico-romano. Trata-se do **período sistemático**, caracterizado pela preocupação com a organização sistematizada dos saberes que os grandes filósofos precedentes produziram. De acordo com a categorização feita por Scheunemann (2010), esse período corresponde aos séculos IV e III a.C. e teve Aristóteles de Estagira (384-322 a.C.), discípulo de Platão, como maior nome, responsável por "todo o saber produzido pelos gregos em todos os ramos do pensamento e da prática, organizando-os dos mais simples aos mais complexos" (Scheunemann, 2010, p. 50).

A obra de Arno Vorpagel Scheunemann, *Filosofia social*, publicada pela Ulbra (2010), oferece uma leitura abrangente sobre concepções de filosofia, atitude e campos filosóficos, gênese da filosofia, correntes filosóficas e demais enfoques.

O apogeu da filosofia grega é delimitado ao século V a.C., cujos acontecimentos são hoje registros históricos sobre a filosofia no Ocidente. Naquele tempo, os nomes mais importantes da filosofia foram os relacionados aos sofistas, além de Sócrates, Platão e Aristóteles, por meio dos quais a própria ciência filosófica mudou o vetor de suas indagações, **saindo da preocupação com os fenômenos da natureza e direcionando-se ao homem**. Esse movimento iniciou uma reflexão sobre o mundo e a cultura, fazendo do homem o objeto da filosofia (Triches et al., 2009).

"Também a palavra 'objeto' é uma palavra filosófica artificial".
(Iber, 2012, p. 53).

Os sofistas, segundo Marcondes (2000), eram adversários de Sócrates, Platão e Aristóteles em Atenas, pois mantinham uma visão pragmática da atividade política, valorizando o **discurso teórico** e a **oratória** como instrumentos para persuadir o consenso nas assembleias nas quais eram tomadas as grandes decisões políticas da cidade. Dotados de uma posição antiteórica e relativista, os sofistas discutiam a natureza da política, pressupondo se ela exigiria um saber especializado ou se qualquer indivíduo poderia exercê-la.

Foi o tempo dos clássicos, momento em que a filosofia teve seu ápice na Grécia, com Sócrates, Platão e Aristóteles. Confirmando esses dados, seguiu-se a época dos helenísticos, também conhecidos como *alexandrinos* ou *pós-aristotélicos*; depois, a filosofia romana; a medieval; a não cristã, tendo como filósofos renomados Averróis e Maimônides, de Córdoba. Continuando a história da filosofia, Marcondes (2001) cita o período da escolástica, com São Tomás de Aquino, o período renascentista, com Erasmo e Thomas Morus, até a filosofia moderna.

Segundo Marcondes (2001, p. 45, grifo do original), "É o pensamento de **Sócrates**, entretanto, que marca o nascimento da filosofia clássica, desenvolvida por Platão e Aristóteles, de certo modo seus herdeiros mais importantes".

Ao fazer uma cronologia da história da filosofia, podemos citar alguns filósofos e abordar uma apresentação sucinta, a fim de situar você em relação aos primeiros eventos da filosofia no mundo. Assim, na sequência apresentamos, resumidamente, vários nomes importantes na história da filosofia.

1.2.1 Tales de Mileto

O primeiro nome de destaque foi Tales de Mileto (623-546 a.C.), astrônomo que acreditava que a água, ou o úmido, consistia no elemento comum a todas as coisas (Scheunemann, 2010).

Tales de Mileto pertenceu ao século VII a.C. Nascido de pais fenícios, viajou pelo Egito e pelo Oriente Médio aprendendo com os sacerdotes egípcios e caldeus. A história entende que Tales era um filósofo, mesmo que esse termo não existisse naquela época: "Foi preciso esperar até Pitágoras para que o termo 'filósofo' adquirisse seu significado, e até Platão para que o prestígio da profissão de filósofo fosse reconhecido" (Carreto, 2008, p. 56).

Tales, contudo, ocupa um lugar importante na história da filosofia pelas perguntas que formulou – considerando que o primeiro passo do pensamento ocidental foi a não atribuição da solução dos mistérios aos deuses (Carreto, 2008).

1.2.2 Anaximandro

Anaximandro foi discípulo de Tales de Mileto. Defendia o ilimitado ou o indeterminado, sem qualificação específica – o *apeíron* –, explicado como "nem água nem algum dos elementos que compõem a matéria, mas uma substância ilimitada e inalcançável pelos sentidos" (Scheunemann, 2010, p. 38).

1.2.3 Pitágoras de Samos

Pitágoras considerava o número como *physis*, representando a ordem e a harmonia presente em todos os seres.

Segundo Carreto (2008), Pitágoras nasceu em 570 a.C., filho de um joalheiro, na ilha de Samos, próxima a Mileto. Estudou diferentes temas no Egito: astronomia, com os caldeus; logística e geometria, com os fenícios; e ritos místicos, com os magos. Dele se conta o seguinte episódio:

> Certo dia, um tal Leonte, tirano de Fliunte, perguntou a Pitágoras: 'Quem és?', e ele respondeu: 'Sou um filósofo'. Foi pronunciada pela primeira vez essa palavra que significa amante da sabedoria. Em sua escola de pensamento, os pitagóricos formavam uma espécie de irmandade filosófico-mística e moravam em comunidades. Tinham normas muito rígidas e crenças acessíveis somente aos iniciados. (Carreto, 2008, p. 57)

Ainda sobre Pitágoras, destacam-se algumas doutrinas. Uma delas afirma que a alma é imortal – que transmigra de uma a outra espécie animal – e que dentro de determinados períodos torna a acontecer o que já aconteceu uma vez, nada é absolutamente novo. O que significa que, em última análise, todos os seres animados estão unidos por laços de parentesco (Bornheim, 2005).

1.2.4 Heráclito de Éfeso

Heráclito considerava o fogo como o elemento em plena atividade, concebia o mundo em uma realidade dinâmica e em constante transformação e associava a luta entre forças contrárias à gênese de todas as coisas.

Não há registros exatos do nascimento e da morte de Heráclito de Éfeso, mas as informações estimam o ápice de sua existência entre 504 e 500 a.C., o suficiente para situá-lo em uma geração após

Xenófanes, ao que se opôs, e de uma geração antes de Parmênides, que foi seu opositor. Pertencente à aristocracia de Éfeso, constam como seus antepassados os fundadores da cidade, ainda que ele mesmo não a tenha governado nunca.

Segundo Bornheim (2005), os aspectos fundamentais da doutrina de Heráclito compreendem as seguintes afirmações:

» há uma unidade fundamental de todas as coisas;
» todas as coisas estão em movimento;
» o movimento se processa por meio de contrários;
» o fogo é gerador do processo cósmico;
» o *logos* é compreendido como a inteligência divina que governa o real;
» a sabedoria humana liga-se ao *logos*;
» o conhecimento sensível é enganador e deve ser superado pela razão.

1.2.5 Parmênides de Eleia

Parmênides defendia a existência de duas vias para o conhecimento da realidade: a da essência, da filosofia ou da razão, e a da aparência enganosa, que encampa a crendice e a opinião pessoal. Esse filósofo atribuiu a Heráclito de Éfeso a escolha em seguir o caminho de aparências. Em sua obra, contudo, defendeu que, em termos de essência, existe o ser eterno, único, imóvel e imutável, no qual a verdade pura pode ser encontrada por meio da ciência e da filosofia.

As informações sobre a vida de Parmênides de Eleia não oferecem dados muito seguros sobre sua data de nascimento ou de morte, embora seja atribuído o período de 500 a.C. como o mais provável de sua existência. Parmênides nasceu em Eleia, ao Sul da Itália, cidade em que provavelmente conheceu Xenófanes, em uma família rica e de alta posição social. Em seu poema, mostra a doutrina profunda do pensamento pré-socrático: o prólogo, o caminho da verdade e o caminho da opinião (Bornheim, 2005).

Parmênides de Eleia, sendo discípulo de Xenófanes, foi chamado de *grande* por Platão e indicado como principal expoente da Escola Eleática. Criador da metafísica, sua obra divide-se em duas partes: sobre a verdade e sobre a natureza. Na primeira, afirma que o caminho do ser conduz à verdade; em oposição, o caminho do não ser conduz à opinião (Minikovsky, 2009).

Ao definir o ser, Parmênides descreveu que "os sentidos nos enganam e que o movimento não existe, é uma ilusão. [...] a realidade é o ser e este é cognoscível. O ser não é gerado, não pode começar. Por outro lado, o ser é imperecível, nunca pode deixar de ser" (Minikovsky, 2009, p. 25).

1.2.6 Empédocles de Agrigento

Empédocles viveu de 492 a 430 a.C. e é citado como um taumaturgo importante, místico, médico e político. Dispõe a origem do mundo em quatro elementos (a água, o ar, a terra e o fogo), imutáveis, mas combináveis de modo que podem se transmutar em diferentes formas; e a natureza humana como uma combinação de água (Minikovsky, 2009).

Empédocles buscou afirmar o ser de Parmênides e, concomitantemente, identificar uma forma de tornar racionais os dados captados pelos sentidos. Para esse filósofo, a *physis* apresentava quatro raízes: o fogo, a terra, a água e o ar, movidos pelo amor e pelo ódio, como origem de tudo.

1.2.7 Demócrito de Abdera

Na afirmação de Demócrito, todas as coisas são constituídas por partículas invisíveis e indivisíveis: os átomos. O átomo seria equivalente ao ser defendido por Parmênides. Além disso, Demócrito ainda propôs o vácuo, caracterizado pela ausência do ser: o não ser (Scheunemann, 2010).

1.2.8 Anaxágoras

Anaxágoras foi outro filósofo pré-socrático apresentado por Carreto (2008, p. 60), nascido em torno do ano 500 a.C. em Clazomene, uma cidade jônia próxima de Esmirna, filho de Egesíbulo, um homem íntegro e elevado, denominado pelos seus companheiros de *a mente*.

Para Anaxágoras, não existe uma geração ou uma destruição, mas apenas a combinação. O que existe é o que ele denominou de *homeomerias*, um termo que designa parte qualitativamente semelhante, com ação de união e desunião constante. Considerando que as *homeomerias* não mudam, elas se combinam em *continuum* e dão origem à geração e à corrupção (Minikovsky, 2009).

Segundo Carreto (2008, p. 61):

> Anaxágoras passava o tempo olhando o céu e meditando, o que o levava a abandonar seus próprios interesses. A família, desesperada, lhe dizia: 'Homem, ocupa-te de teus afazeres', ao que ele retrucava: 'E por que não vos ocupais vós?' E para que não o incomodassem mais com esse assunto, decidiu dar tudo aos parentes. Coisas de filósofos. Sua principal preocupação era tentar descobrir as propriedades da matéria, a razão de sua existência, por que os corpos se mantinham unidos e a matéria orgânica crescia e mudava de natureza.

1.2.9 Péricles

General, político e reformador ateniense, Péricles foi amigo de Anaxágoras. Conviviam com a esposa de Péricles, Aspásia de Mileto, o músico Damon, o filósofo Zenão, o dramaturgo Sófocles, o historiador Heródoto, o escultor Fídias, o arquiteto Hipódamo, o embaixador Calias, o adivinho Lampon e os estrangeiros Tólmides e Formião, dentre outros (Carreto, 2008).

Perguntas e respostas

Segundo o texto, o surgimento da democracia na Grécia foi estreitamente vinculada ao fazer filosofia. Entretanto, qual característica apresentava essa democracia?

A literatura informa que a democracia, em sua gênese, não alcançava senão os homens livres, deixando de lado mulheres, escravos, analfabetos e estrangeiros. Essas pessoas representavam a maior parte da população.

1.2.10 Protágoras de Abdera

Foi inicialmente conhecido como *Arrazoado*. Filho de Artemon, nasceu na Abdera, uma região grega da Trácia, no ano de 486 a.C. "Foi o primeiro a receber o nome de sofista, e também o primeiro a ensinar as técnicas para defender as próprias ideias de forma convincente nos litígios e na política. por isso, é considerado também o primeiro advogado de defesa" (Carreto, 2008, p. 62).

Os sofistas eram encarregados de convencer, mediante argumentação, que as explicações cosmológicas não tinham utilidade para a sobrevivência e a vida na *polis*. Protágoras foi um sofista que defendia que "o homem é a medida de tudo o que existe, ou seja, o mundo é o que o ser humano constroi e destroi" (Carreto, 2008, p. 63). Segundo essa teoria, a verdade fica sujeita à cultura de determinada pessoa ou população; dessa forma, fica minimizada a possibilidade de verdades absolutas.

1.2.11 Górgias

Outro sofista, aprofundou o subjetivismo ditado por Protágoras de Abdera e defendeu o cetismo absoluto, com a convicção de que nada existia por si; se existisse, não poderia ser conhecido; se conhecido, não poderia ser comunicado a ninguém.

Resumindo: "Não se pode acreditar em nada que não resulte da criação do ser humano" (Scheunemann, 2010, p. 42).

1.2.12 Sócrates de Atenas

Sócrates, mesmo sendo citado como um dos pensadores mais proeminentes e conhecidos, jamais escreveu; sua vida foi relatada por seus discípulos Platão e Xenofontes (Triches et al., 2009). O fato de que o período em que ele supostamente viveu ter ficado conhecido como *antropológico* se deu em razão de o ser humano ser o centro das preocupações de Sócrates e sua proposição de ideias e valores que os gregos julgavam conhecer. Como explica Scheunemann (2010, p. 42), Sócrates

> Rebelou-se contra os sofistas pois, para ele, defendiam qualquer ideia, desde que fosse vantajosa para eles. Logo, não podiam ser considerados filósofos. Assim, contrariando os poetas, os filósofos antigos e os sofistas, propunha que antes de conhecer a natureza e persuadir os outros, é necessário "conhecer-se a si mesmo", pois entendia que a essência do ser humano é a alma – ser da razão, o eu consciente.

Sua filosofia, portanto, caracterizou-se pelos diálogos críticos, concebidos na **ironia**, que significou interrogação, e na maiêutica, definida como a arte de dar à luz (Scheunemann, 2010).

Contribuição revolucionária

Sobre Sócrates, diz-se que, anteriormente a ele, o homem habitava o mundo: vivia e morria em seu interior. Depois disso, o homem passou a se utilizar do mundo. Essa mudança é analisada como o problema do habitar ao utilizar. Trata-se de uma grande contribuição, positiva e negativa, desse filósofo, porque possibilita a delimitação do problema e indica a solução inicial (Puls, 2006).

Segundo Scheunemann (2010, p. 43, grifo do original), com o diálogo, Sócrates:

> Buscava a essência real e verdadeira das coisas, das ideias, dos valores. Essa essência não podia ser dada pela percepção sensorial, apenas pelo pensamento. E aquilo que o pensamento conhece da essência foi chamado de **conceito**. Podemos dizer que, ao perguntar, Sócrates queria ultrapassar a mera opinião que se tem das pessoas, das coisas, das ideias e dos valores, encontrando o conceito. Para ele, uma **opinião (doxa)** é variável e instável, mudando de pessoa para pessoa ou em função de gostos e preferências. O **conceito**, pelo contrário, é imutável, atemporal e universal. Por isso não perguntava pela "opinião a respeito de", mas "o que é?".

Duas das teses de Sócrates têm origem em obras de Xenofonte: *Ditos e Feitos Memoráveis de Sócrates* e *Econômico*, com ênfase na literatura e menos no conhecimento que este filósofo detinha (Puls, 2006).

1.2.13 Aristóteles

Aristóteles defendia que "a sabedoria como ciência do universal é a ciência dos primeiros princípios e causas de todo o ser" (Iber, 2012, p. 9-10). Nascido em Estagira, na Macedônia, conforme referido anteriormente, aos 18 anos Aristóteles foi para Atenas estudar Filosofia, filiando-se à Academia de Platão. Após sair de lá, com a morte de Platão, "sua Filosofia desenvolveu-se em oposição à da Academia, criticando sobretudo o dualismo dos platônicos que, segundo Aristóteles, estabelecia uma dicotomia insuperável entre a realidade material do mundo natural e a realidade abstrata do mundo das formas" (Marcondes, 2000, p. 45).

Aristóteles entendia como função da filosofia o conhecimento e a diferenciação dos diferentes conhecimentos, de modo que em seu trabalho identificou diferentes campos de investigação, definindo cada campo como uma ciência, quais sejam:

» **Ciências produtivas**: Estudam as práticas produtivas, ações humanas que são direcionadas à produção de algum objeto distinto do produtor, a exemplo da arquitetura, da medicina, da poesia e da arte.
» **Ciências práticas**: O norte são as práticas humanas que visam à realização do próprio agente que as realiza; incluem a ética, compreendendo-a em sua finalidade de bem do indivíduo pela prática das virtudes morais.
» **Ciências teoréticas ou contemplativas**: Estudam as coisas não construídas pelo homem, mas que existem por si e em si mesmas (Scheunemann, 2010).

É de Aristóteles a criação da lógica, com a produção de tratados lógicos, que continuam vigentes, na elaboração de raciocínios, ensinando o seu percurso. Também é dele a criação das quatro causas: **material, formal, eficiente** e **final**: "Causa material: indica do que é feito o ser. Causa formal: é sua alma, ou seja, é o que nos faz diferentes uns dos outros. Causa eficiente: está relacionada com o motor que nos gerou. Causa final: é o objetivo para o qual o ser tende" (Triches et al., 2009, p. 20).

Outras teorias formuladas por Aristóteles compreendem a **teoria do ato** e a **teoria da potência**, sendo a primeira uma forma de classificação e divisão dos seres em dois princípios constitutivos intrínsecos, que explica as transformações e o movimento. A teoria da potência, por sua vez, é definida como "aquilo que ainda não é, mas preexiste realmente como possibilidade de vir a ser" (Triches et al., 2009, p. 20).

Igualmente, a abordagem sobre a ética de Aristóteles prevê que o estudo deve ser direcionado ao preparo do indivíduo, para que este viva bem na cidade, caracterizando um campo comum entre ética e política, quando a primeira deve estabelecer o princípio da ação virtuosa, enquanto cabe à segunda destacar o homem como um ser social ou comunitário, responsabilizando-o por estabelecer os princípios que regerão a sua ação racional (Triches et al., 2009).

Após a morte de Aristóteles, sua obra perdeu-se na Antiguidade e sua escola acabou sendo dividida em diferentes correntes. A recuperação de seus textos e o que é hoje conhecido é o resultado do trabalho de edição preparado por Andrônico de Rodes, responsável por reavivar a escola aristotélica em Roma, no ano de 50 a.C. (Marcondes, 2001).

Em resumo, "a filosofia de Aristóteles é extremamente sistemática, e esse sistema constitui uma visão integrada do saber, caracterizado, no entanto, como se subdividindo em áreas específicas" (Marcondes, 2001, p. 74). Suas obras contribuíram de modo significativo para a difusão da filosofia e da ciência desta, assim como de "toda uma concepção teórica e metodológica do saber científico, com a valorização da ciência empírica, da ética, da política e da estética (Marcondes, 2001, p. 74).

Na página do Domínio Público, selecionando-se *texto* como tipo de mídia e *Filosofia* como categoria, são oferecidos 431 itens que podem ser acessados e baixados sobre filosofia e obras filosóficas.

DOMÍNIO PÚBLICO. Filosofia. Disponível em: <http://www.dominio publico.gov.br/pesquisa/PesquisaObraForm.do>. Acesso em: 10 mar. 2015.

Figura 1.1 – **Página do Domínio Público na pesquisa sobre obras de filosofia**

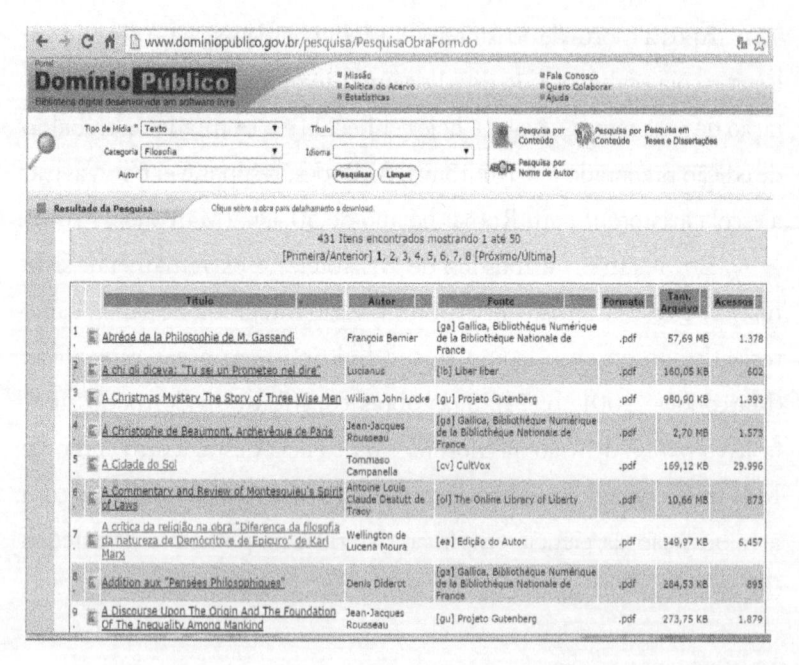

Fonte: Domínio Público, 2014.

Saindo do período sistemático, sobre o qual escreveu Scheunemann (2010), o período helenístico é traduzido sob uma associação entre a cultura helênica e as culturas dos povos do Oriente Médio, destacando-se os persas e os egípcios. Nesse período é que se deu o rompimento da visão da existência de escravos por natureza, evidenciando a superação das concepções de mundo (Triches et al., 2009).

O termo *helenístico* foi criado pelo historiador alemão J. G. Droysen, *hellenismus*, e indica a influência da cultura grega na região do Mediterrâneo Oriental e do Oriente Próximo, que iniciou com as conquistas de Alexandre, da instalação de seu império e dos reinos criados após a sua morte por seus sucessores, e chegou à conquista romana do Egito em 30 a.C., confirmando a influência de Roma naquela região (Marcondes, 2001).

No império de Alexandre, "o pensamento, a língua e a cultura grega se expandiram para o Oriente, no rastro das conquistas militares" (Triches et al., 2009, p. 69). A morte de Alexandre, aos 32 anos, provocou a divisão de seu reino entre os generais e o surgimento de uma nova cultura: o helenismo (Triches et al., 2009).

De modo mais específico:

> Ao contrário da Academia, fundada por Platão, a escola de Aristóteles, o Liceu, conheceu rápida decadência, não exercendo grande influência no período posterior à sua morte, em 322 a.C. Aliás, por esse tempo também morreram Demóstenes (322 a.C.) e Alexandre (323 a.C.), marcando uma importante virada na roda da história: foi o fim do esplendor da era grega (da qual, na filosofia, o estagirita foi o maior expoente) e o começo de uma nova era, que recebe o nome de helenismo. (Triches et al., 2009, p. 69)

Conforme dispõe Scheunemann (2010, p. 52), esse período foi caracterizado "por grandes explicações que buscaram entender a realidade como um todo, composto por todas as relações entre os seres humanos e a natureza e esses com a Divindade". Com isso, o enfoque passou para a ética, a física e a teologia.

O período helenístico teve como sistemas filosóficos o epicurismo, o estoicismo e o neoplatonismo, assim sintetizados (Scheuneman, 2010):

» **Epicuro** fundou o epicurismo com a proposta de que o ser humano precisa buscar o prazer, considerado como o início e o fim de uma vida feliz.
» O estoicismo foi fundado por **Zenão de Cítio**, defensor da tese de que "toda a realidade existente é uma realidade racional" (Scheunemann, 2010, p. 52). Assim, compete ao ser humano compreender a ordem universal do mundo mediante a filosofia e viver conforme suas determinações.
» O neoplatonismo, que teve **Plotino** como seu representante, defende que o real abrange três estados de realidade, as denominadas *hipóstases*: o Uno, eterno, imóvel e transcendente; o Intelecto, que contempla o Uno e corresponde às ideias e formas que ele construiu com base nessa contemplação; a Alma do Mundo, a *psyche*, da qual surge o intelecto e é a origem do movimento e da diversidade no mundo.

Marcondes (2001, p. 105) destaca:

> O helenismo fornece o pano de fundo político e cultural que permite a aproximação entre a cultura judaica e a filosofia grega, o que tornará possível mais tarde o surgimento de uma filosofia cristã. É significativo, portanto, que seja em Alexandria no séc. I a.C. que encontramos as primeiras iniciativas nessa direção.

Depois desses períodos, outros formatos foram atribuídos à filosofia, como a patrística e medieval, dos 14 primeiros séculos da Era Cristã. Trata-se da filosofia medieval, que abrange um período histórico iniciado com o helenismo, nos séculos IV e V, e vai até o renascimento e o início do pensamento moderno, no final do século XV e início do XVI, somando dez séculos. A Idade Média comporta a maior parte da produção filosófica, especialmente com a escolástica. O século XIII foi marcado pela criação das universidades; já nos séculos XV e XVI são registrados a crise do pensamento escolástico e o surgimento do humanismo renascentista (Marcondes, 2001).

A Era Cristã teve **Santo Agostinho** como seu principal filósofo. Ele defendia a supremacia do espírito sobre o corpo, do qual falaremos a respeito mais adiante nesta obra. Antes dele, no entanto, a tradição indica como primeiro filósofo cristão São Justino, que foi mártir em 167 d.C. Nascido na Samaria e educado em Éfeso, sua importância reside no fato de ter sido filósofo e de ter se convertido ao cristianismo, considerando-o como verdadeira filosofia e defendendo uma ciência cristã (Marcondes, 2001).

Naquela era, os filósofos e teólogos que seguiram a linha da filosofia cristã foram denominados de *apologetas*, em razão da apologia ou defesa do cristianismo, sendo o seu pensamento conhecido como *patrística*, que designa a doutrina dos padres da igreja (Marcondes, 2001).

Aurélio Agostinho nasceu em 354 d.C, em Tagasta, na Numídia, uma província romana localizada no norte da África. Seu pai era pagão e sua mãe, cristã – Santa Mônica, personagem importante para a conversão do filho. Agostinho estudou a ciência do seu tempo, foi professor de retórica em Cartago, Roma e Milão e converteu-se ao cristianismo pela pregação de Santo Ambrósio (Triches et al., 2009).

Santo Agostinho foi influenciado pelos pensamentos platônicos, adequando os contornos da filosofia grega às inovações que o cristianismo trouxe a teses de outras fontes. Em sua primeira concepção, realiza uma síntese entre a concepção pitagórica da beleza como harmonia das partes, que inclui a simetria e a proporção, e a concepção neoplatônica da beleza como unidade do todo – a luz e a cor (Puls, 2006).

Primeira autobiografia da história

Entre as obras de Santo Agostinho, constam 400 sermões, 270 cartas (com teor de tratados doutrinais) e 150 livros, destacando-se *Confissões*, o qual trata da história de sua conversão (considerada a primeira autobiografia já escrita), e *Cidade de Deus*, que conta sobre o saque de Roma pelos godos, em 410, no qual afirma que uma cidade dos homens pode ser destruída, porém a cidade de Deus é fundada sobre alicerces eternos (Triches et al., 2009).

Em *Confissões*, obra escrita entre 397 e 401, Santo Agostinho considera o caráter confessional e existencial, destacando a sua experiência pessoal e suas vivências relacionadas aos problemas que aponta. Nessa obra,

> Agostinho apresenta um relato biográfico de sua experiência, desde o desregramento de sua juventude, a influência de sua mãe Mônica, que era cristã, até o encontro com Ambrósio e a conversão ao cristianismo. Ao mesmo tempo reflete sobre temas centrais da filosofia, como a natureza do Bem e do Mal, a questão da linguagem, o problema do conhecimento, a relação do homem com Deus. (Marcondes, 2000, p. 59)

"Na filosofia medieval, do século VIII ao século XIV d.C., são referidos também os filósofos Pedro Abelardo (e a sua principal obra *Dialética*) e São Tomás de Aquino, com a realidade sensorial, um tipo de sistema filosófico que influenciou e fundamentou o serviço social" (Scheunemann, 2010).

De acordo com Marcondes (2001), Santo Agostinho tem sido considerado o último dos pensadores antigos, pois sua temática se situa cronologicamente no contexto do pensamento antigo, bem como o primeiro dos medievais, sendo sua obra influenciadora dos rumos que o pensamento medieval veio a tomar nos primeiros séculos. "Após sua morte e até os sécs. XI-XII é extremamente reduzida a produção filosófica e cultural em geral no mundo europeu ocidental" (Marcondes, 2001, p. 114).

Após esse período, veio o *renascimento*, termo inicialmente utilizado por Giorgio Vasari para designar a retomada do estilo clássico na pintura do pintor Giotto. Já o conceito de *renascimento* como explicação a um período histórico, caracterizando a transição do medieval ao moderno, nos séculos XV e XVI, tem como mentor o historiador de arte suíço Jacob Burckhardt – esse conceito foi posteriormente adotado por outros historiadores da arte, repercutindo para outras áreas (Marcondes, 2001).

Finda a filosofia renascentista, designada como uma nova etapa da Idade Média, o mundo entrou na era clássica da filosofia moderna. Nesse período, o primeiro filósofo moderno reconhecido como o iniciador de um novo modo de fazer filosofia foi **René Descartes** (1561-1626). A ciência filosófica passou, então, a ser caracterizada por "fazer do sujeito e da subjetividade seu centro de reflexão e de interesse" (Carreto, 2008, p. 185).

A filosofia moderna iniciou-se no século XVII e seguiu até a metade do século XVIII d.C., um período marcado por lutas entre católicos e protestantes e pela descoberta de novos povos. Esse período afirmou a transição do sábio para o ceticismo, a dúvida acerca da capacidade da razão em conhecer a realidade exterior e o ser humano: "Assim, esse período se caracteriza pela preocupação com a formulação de teorias e fundamentos para o processo de compreensão do ser e da realidade pelo próprio ser humano" (Scheunemann, 2010, p. 74).

Compreender o pensamento moderno para nós, contemporâneos, pode ser considerada uma tarefa relativamente fácil em razão da proximidade que temos com esse período e por termos herdado sua tradição. Contudo, a dificuldade se torna presente quando precisamos tomar consciência e explicitar as características essenciais daquilo que temos como familiar, porque a aceitamos como sendo de uma determinada forma (Marcondes, 2001).

Especialmente, se tomamos como fontes filosóficas as diferentes concepções teóricas e nos aprofundarmos em seus dogmas e doutrinas, podemos compreender que nada do que se foi é perdido, obsoleto ou suplantando pela modernidade; sempre serão válidas as falas originais dos grandes interlocutores do saber filosófico, os quais interpretaram a natureza, o homem, a vida e os elementos que vivenciam os sentimentos e as razões humanas e divinas.

Além de René Descartes, a filosofia moderna tem como principais pensadores John Locke (1632-1704), Francis Bacon (1561-1626), Galileu Galilei (1564-1642), Thomas Hobbes (1588-1679), Baruch Espinoza (1632-1677) e Isaac Newton (Triches et al., 2009).

O questionamento principal desse período foi: "Qual seria o método que possibilitará a razão produzir uma representação fiel do real?" (Scheunemann, 2010, p. 76).

Com **Francis Bacon**, surgiu o empirismo na idade moderna, quando o filósofo defendeu que "o conhecimento não tem valor em si mesmo, mas é apenas um meio para que o homem domine a natureza. Por isso critica Aristóteles e seu ideal de vida contemplativa, ressaltando que neste mundo só Deus e os anjos podem ser espectadores" (Puls, 2006, p. 207).

Em sua obra *O progresso do saber* (1605), Bacon aponta três conhecimentos que se referem às partes do saber humano: a história à sua memória, a poesia à sua imaginação e a filosofia à sua razão – uma divisão atribuída a Aristóteles em sua obra *Poética*, com vinculação da história ao singular, da poesia ao particular e da filosofia ao universal (Puls, 2006).

Outro autor da filosofia moderna foi **Thomas Hobbes**. Nascido em Malmesbury, em 1588, filho de um pastor anglicano, Hobbes também realizou seus estudos em Oxford, sendo visto como um cientista de múltiplas faces, que exerceu a política e praticou a filosofia. Na França, estudou a filosofia de Descartes e se relacionou com cientistas frequentadores do círculo do padre Mersenne.

Segundo Nunes (2010), Hobbes graduou-se no Magdalen Hall, Oxford, em 1608, em um tempo em que as carreiras tradicionais eram centradas na igreja, no direito e na medicina, embora alguns homens se dedicassem à vida pública – os quais eram considerados a elite intelectual. A formação de Hobbes foi essencialmente humanista, abrangendo a gramática, a retórica, a poesia, a história e a filosofia moral.

> A época em que Hobbes viveu caracteriza-se por uma grande divisão política, que opunha duas facções definidas: os monarquistas, que defendiam a monarquia absoluta, aduzindo que sua legitimidade vinha diretamente de Deus, e os parlamentares, que afirmavam que a soberania devia ser compartilhada entre o rei e o povo. Habilidosamente, Hobbes mantinha uma postura neutra, pois, embora afirmasse que a soberania está no rei, dizia que seu poder não provinha de Deus. (Carreto, 2008, p. 187)

Dentre as obras desse filósofo, as principais são:

Do Cidadão – Obra com a mesma lógica do que o Leviatã. É composta por três partes: Liberdade, Império e Religião. Nesta última, trata do Reino de Deus, e de tudo o que necessitamos para nele entrar. O homem, sujeito às forças naturais, é uma espécie de "condenado à morte".

Leviatã – É a obra que nos fornece o sistema filosófico de Hobbes. A primeira parte respeita ao Homem, a segunda à República, a terceira à Religião Cristã e a quarta ao Reino das Trevas. Na terceira parte demonstra a existência de uma República cristã, que excede a sociedade civil. No Reino das Trevas critica algumas das interpretações das Sagradas Escrituras, denunciando uma vã filosofia e tradições enganosas.

Do Homem – Segunda parte dos *Elementos de Filosofia*, dedica-se em especial ao estudo da alma humana – o estudo físico é demasiadamente sintético. Outras obras:

Da Natureza Humana – Trata do estudo da natureza humana, das suas paixões, visando o estabelecimento das condições da sua sobrevivência na comunidade.

Do Corpo, publicado em 1655. É a primeira secção dos *Elementos de Filosofia*, obra que dividiu a Filosofia em natural, e política e ética.

Os *Elementos de Filosofia*, são uma trilogia constituída pelos *Do Corpo, Do Homem* e *Do Cidadão*. (Alves, 2008, p. 130, grifo do original)

Hobbes ficou famoso pelas frases "o homem como lobo do homem" e "a guerra de todos contra todos" (Carreto, 2008, p. 188). Em contraposição a isso, cabe referenciarmos aqui Aristóteles, para quem o homem se caracterizava como animal político.

Considera-se que a filosofia contemporânea teve início no século XVIII, estendendo-se ao começo do século XIX (Scheunemann, 2010), especificamente na denominada *idade contemporânea*, iniciada em 1789 (Triches et al., 2009).

As fases principais da filosofia contemporânea são:

» romântica;
» iluminista;
» materialista;
» existencialista
» linguagem (Scheunemann, 2010).

O século XVIII registra revoluções que sacudiram a sociedade ocidental, com o ingresso de mudanças *sui generis*: a Revolução Industrial e a Revolução Francesa. "Depois delas, o mundo nunca mais seria o mesmo. Como causa dessas duas revoluções [...] está o Iluminismo" (Triches et al., 2009, p. 113).

Chamado de *Ilustração* ou *Século das Luzes*, o Iluminismo se constituiu em um movimento intelectual que caracterizou o pensamento europeu no período dessas Revoluções, com o objetivo de iluminar com a razão todas as ações humanas (Triches et al., 2009).

São citados como principais filósofos do Iluminismo os seguintes, com suas respectivas linhas de visão:

> John Locke (1632-1704), [o conhecimento provém da experiência]; François Marie Arouet Voltaire (1694-1778) [crítica à intolerância religiosa]; Jean-Jacques Rousseau (1712-1778) [defendia o estado democrático – assegurando igualdade de tratamento para todos]; Charles Louis de Secondat, barão de Montesquieu (1689-1755) [divisão do poder político em Legislativo, Executivo e Judiciário]; Denis Diderot (1713-1784) e Jean Le Rond d'Alembert (1717-1783) [ambos organizaram uma enciclopédia que pretendia reunir todos os conhecimentos filosóficos da época]. (Hegenberg, 2010, p. 103)

Saindo da ideologia burguesa ascendente e progressiva que lutava contra o obscurantismo da monarquia absolutista e da aristocracia feudal, o Iluminismo se expandiu na Grã-Bretanha por intermédio de **George Berkeley** (1685-1753) e **David Hume** (1711-1776), citados como os representantes máximos do Iluminismo britânico. Vinculados a esses fatos, podemos citar **Adam Smith** (1723-1790) – que publicou o clássico *A riqueza das nações* (1776) – e **David Ricardo**

(1772-1823), os quais construíram o ideário do liberalismo clássico que incluiu a livre iniciativa e o Estado mínimo (Triches et al., 2009).

No chamado *Século das Luzes*, a proposta era o desenvolvimento da ciência como opção de transformação da natureza e do progresso, compreendendo de forma racional as bases da vida econômica e social como fundamento à construção da civilização (Scheunemann, 2010).

Em um discurso sobre o Iluminismo, no ensaio *Beantwortung der Frage: Was ist Aufklärung*, Kant (1784) assim expôs:

> Iluminismo é retirar o Homem de sua autoimposta mesquinhez. Mesquinhez é a incapacidade de utilizar inteligência sem auxílio alheio. A mesquinhez é autoimposta quando não resulta de falhas da inteligência, mas de decisão e disposição de usar a própria inteligência sem se valer de auxílio de outros. "*Sapere aude!*" (Tenha coragem de usar sua inteligência!) é, pois, a palavra de ordem do Iluminismo. (Hegenberg, 2010, p. 103-104)

Dentre os nomes de iluministas que se destacaram se encontra **Voltaire** (1694-1778), "um ardente e destemido defensor da liberdade de culto, de pensamento e de expressão", o qual publicou seu *Tratado sobre a tolerância* em 1763 (Triches et al., 2009, p. 120).

Para Scheunemann (2010, p. 88), atribuem-se os seguintes créditos a Voltaire:

> Destacou-se pelas críticas à prepotência dos poderosos, particularmente ao **clero** católico e à **intolerância** religiosa. Em termos de política, defendeu uma monarquia, governada por um soberano esclarecido, que respeitasse as liberdades individuais, bem como a **liberdade de pensamento**. Dizia: "posso não concordar com nenhuma das palavras que você diz, mas defenderei até a morte o direito de você dizê-las". [grifo do original]

Voltaire, de exilado a idolatrado

"Em uma época de confiante otimismo – e o Iluminismo foi extremamente otimista quanto aos poderes emancipadores da razão –, o seu livro Cândido ou Otimismo, escrito em três dias, se caracterizou como uma crítica sobre a ingenuidade que acompanha o otimismo. Preso na Bastilha, exilado, caluniado, perseguido, ouvido, adorado, aclamado, idolatrado, Voltaire simbolizou a liberdade pregada pelos Iluministas. Com o fim da Revolução seus restos mortais foram transladados para o Panteão, acompanhados por uma multidão de centenas de milhares de pessoas, uma expressão singular de celebração que não foi mais vista naquele século". (Triches et al., 2009, p. 120)

David Hume (1711-1776), um importante filósofo escocês, foi célebre em suas observações céticas com respeito à indução, à causalidade e à religião – ele afirmava que o conhecimento é originado da experiência sensorial e não de juízos da razão. Em sua frase famosa, "a razão é escrava das paixões", Hume explica a orientação emotiva que conferiu à ética (Hegenberg, 2010, p. 93).

Dentre as obras de Hume, destacam-se, de acordo com a data de publicação:

- » *Tratado da natureza humana* (1740);
- » *Investigação sobre o entendimento humano* (1748);
- » *Investigação sobre o princípio da moral* (1751);
- » *Discursos políticos* (1752);
- » *História natural da religião* (1757);

» *História da Inglaterra* (1762);
» *Diálogos sobre a religião natural* (1779).

Segundo Hegenberg (2010), Hume apresentou a virtude moral constituída por quatro tipos de qualidades:

1. úteis a terceiros – benevolência, caridade, justiça, fidelidade, veracidade;
2. úteis ao agente – paciência, perseverança, diligência;
3. agradáveis a terceiros – eloquência, asseio, perspicácia;
4. agradáveis ao próprio agente – bom humor, autoestima, dignidade.

Na página do Domínio Público, selecionando-se *vídeo* como tipo de mídia e *ética* como categoria, são oferecidos, por meio da TV Escola, nove itens que podem ser acessados, baixados e reproduzidos em mp4.
DOMÍNIO PÚBLICO. Disponível em: <http://www.dominiopublico.gov.br/pesquisa/PesquisaObraForm.do>. Acesso em: 11 mar. 2015.

Outro iluminista consagrado na história da filosofia foi o jurista francês Charles-Louis de Scondat, o **barão de Montesquieu** (1689-1755), que publicou *O Espírito das Leis*, no qual defendeu a separação dos poderes Legislativo, Executivo e Judiciário e argumentou que a pessoa investida de poder sofre a tentação de abusar dele (Scheunemann, 2010). Foi também nessa obra que Montesquieu estudou as diferentes formas de governo: despotismo, monarquia e república, com destaque à monarquia parlamentar inglesa e sua influência sobre os líderes da Independência Americana e na primeira fase da Revolução Francesa (Triches, 2009).

Para Montesquieu, a existência da alma é para pensar e aprender, possibilitando a curiosidade, por meio do seguinte raciocínio:

> Todas as coisas estão encadeadas e cada ideia é precedida e sucedida por outras, e não se pode apreciar a visão de uma coisa sem desejar ver a outra, e se não sentíssemos desejo por uma, não teríamos prazer na outra. Assim, quando é mostrada uma parte de um quadro, desejamos ver a parte escondida, em razão do prazer que aquela pequena visão nos proporcionou. (Puls, 2006, p. 273-274)

Outro pensador dessa época foi **Jean-Jacques Rousseau** (1712-1778), Iluminista nascido em Genebra, tido como um indivíduo sentimental, passional e contraditório. Rosseau teve vários filhos naturais, os quais abandonou num orfanato. Em Paris, fez amizade com Denis Diderot, auxiliando-o na escrita de artigos sobre música para a Enciclopédia (Hegenberg, 2010).

Rousseau defendia dois tipos de desigualdade presentes na espécie humana: a natural, ou física, e a moral, ou política, definindo a primeira em relação à natureza, a diferença de idade, de saúde, das forças do corpo; e a segunda em relação aos privilégios gozados por alguns indivíduos em detrimento de outros, apontando o fato de alguns serem mais ricos ou deterem mais poder, por exemplo (Carreto, 2008).

Em sua tese, Rousseau defendeu a condução do Estado por um soberano, mas sob a vontade do povo, com o objetivo do bem comum; defendeu, portanto, a liberdade dos "selvagens" (Scheunemann, 2010). Por representar a superação do Iluminismo, trilhou um caminho para a desconfiança da razão e para o retorno à emoção, considerando a civilização e a sociedade como responsáveis pela corrupção do ser humano (Triches et al., 2009).

"De um estado de natureza ideal surge – em virtude de um contrato social – o Estado como escravidão. Esse Estado tirânico deve ser substituído por outro que tenha por base a liberdade e no qual a vontade geral dos cidadãos encontre a sua livre expressão". (Rousseau, citado por Triches et al., 2009, p. 121)

Quando a filosofia ingressa na contemporaneidade, surge **Immanuel Kant** (1724-1804), tido como o maior filósofo do Iluminismo alemão, pensador que delegou à filosofia a responsabilidade de responder aos questionamentos que julgava principais: o que posso saber; como devo agir; o que posso esperar; o que é ser humano (Scheunemann, 2010).

Em sua descrição sobre a filosofia, Kant (2009, p. 11) assim expressou:

> A filosofia é, pois, o sistema dos conhecimentos filosóficos ou dos conhecimentos racionais a partir de conceitos. Tal é o conceito escolástico desta ciência. Segundo o conceito cósmico, ela é a ciência dos últimos fins da razão humana. Esta noção elevada confere dignidade à filosofia, isto é, um valor absoluto. E, de fato [...] só ela possui um valor intrínseco, só ela confere um valor aos outros conhecimentos.

É atribuída a Kant a criação do *criticismo*, um termo que designa a investigação crítica dos fundamentos do conhecimento para o início de toda a filosofia. O criticismo, ou filosofia kantiana, implica em investigar de forma radical "as condições e possibilidades do conhecimento" (Triches et al., 2009, p. 131). Com a publicação da *Crítica da razão pura* (1781), Kant expõe ao pensamento ocidental os alcances e os limites da razão.

Em outra de suas obras, *Sobre Pedagogia*, Kant (1999, citado por Triches et al., 2009, p. 140) afirma que "o ser humano é o único ser vivo que pode e deve ser educado" e, com base nas teorias de Rousseau, apoia a diferenciação das práticas pedagógicas conforme a idade do educando.

Por fim, Triches et al. (2009, p. 141) expõe:

> Contemporâneo dos Iluministas, Kant representa ao mesmo tempo sua síntese e sua superação. Se para os filósofos hedonistas da França do século XVIII a educação apresentava função emancipadora, para o austero professor prussiano a emancipação propiciada pela educação não é possível sem uma grande dose de disciplina e autodomínio. Kant representa o ápice do pensamento moderno e ao mesmo tempo é a fonte das principais formas contemporâneas do pensar. Para ele convergem, filtrados pelo Iluminismo, o empirismo e o racionalismo, encontrando nele uma síntese brilhante.

"Se a Filosofia clássica é dividida em antes e depois de Sócrates (470-399 a.C.), a Filosofia moderna e contemporânea pode ser dividida em antes e depois de Immanuel Kant" (Triches et al., 2009, p. 141).

Seguiram-se a Kant, sem ordenação específica nesta relação, nomes como: George Wihelm Friedrich Hegel (1770-1831); Auguste Comte (1798-1857); Ludwig Feuerbach (1804-1872); John Stuart

Mill (1806-1873); Karl Marx (1818-1883); Herbert Spencer (1820-1903); Charles Peirce (1839-1914); William James (1842-1910); John Dewey (1859-1952); Theodor Adorno (1903-1969); Juergen Habermas (1929); Jacques Derrida (1930-2004); Johann Gottlieb Fichte (1762-1814); Friedrich Wilhelm Joseph Schelling (1775-1854); e Arthur Schopenhauer (1788-1860) – este último aprofundou e problematizou o criticismo kantiano. Na sequência, vamos tratar sucintamente de alguns deles.

1.2.14 George Wihelm Friedrich Hegel

Hegel nasceu em Stuttgart, Alemanha, em 1770, filho de um funcionário subalterno na corte do duque de Württemberg. Foi educado inicialmente no *Gymnasium* de Stuttgart e, depois, no Seminário de Tübingen, local em que dividiu o quarto com o poeta Hölderlin e com Schelling, que teve um desenvolvimento precoce como filósofo.

A respeito desse grupo, afirma Plant (2000, p. 15):

> O mais importante para seu desenvolvimento posterior é que todos eles partilhavam uma consciência da fragmentação e das divisões que, segundo acreditavam, afligiam a cultura moderna. Em particular, preocupavam-se com a divisão ou bifurcação entre Deus e homem, homem e natureza e homem e sociedade. No desenvolvimento dessa visão tiveram de ser formuladas pela primeira vez as ideias de alienação e estranhamento, que tanto caracterizaram não apenas sua própria obra subsequente, mas também influenciaram Marx e os marxistas humanísticos.

Hegel, em seus escritos, propõe o seguinte; "a filosofia não tem, da mesma forma, nenhum outro objeto que Deus e é, assim, em essência, teologia racional e, enquanto a serviço da verdade, o ofício divino perene" (Hegel, citado por Iber, 2012, p. 125).

Em suas afirmações, Hegel cita que a filosofia é religião enquanto ciência, tendo o mesmo objetivo e conteúdo da religião, de modo que aquilo que a fé realiza é implementado cientificamente pela filosofia por meio do objetivo que tem em compreender o mundo em sua racionalidade, porquanto produto de uma razão superior: "A Filosofia de Hegel quer compreender como racional essa atitude afirmativa em relação ao mundo" (Iber, 2012, p. 125).

Em seus primeiros escritos, Hegel incluiu extensos ensaios sobre *A positividade da religião cristã*, *A vida de Jesus*, *O espírito do cristianismo e seu destino*. Publicou também o ensaio *Sobre o amor* e o fragmentado *O mais antigo Programa Sistemático do idealismo alemão* (Plant, 2000).

1.2.15 Auguste Comte

Comte nasceu na cidade de Montpellier, França, em 1798, filho de um fiscal de impostos. Desde cedo apresentou relações tempestuosas com a família, dificuldades que teriam influência no desenvolvimento de sua vida e nas orientações que conferiu às suas obras. Estudou na Escola Politécnica de Paris, em 1814, atribuindo-lhe o caráter de primeira comunidade verdadeiramente científica, interpretação que registrou em carta a Stuart Mill.

No ano de 1926, Comte iniciou um curso em sua casa, no qual se dedicou a escrever e também no qual produziu a obra *Curso de Filosofia Positiva*. Teve como alunos o fisiólogo Henri-Marie de Blainville e o psicólogo Jean-Étienne Esquirol (Giannotti, 1978).

Em 1844, publicou o *Discurso sobre o espírito positivo*; suas demais obras foram publicadas entre 1851 e 1854. Extensa, uma delas foi dividida em quatro volumes – trata-se da *Política positiva* ou *Tratado de sociologia instituindo a religião da humanidade*. Em 1852, Comte publicou o *Catecismo positivista* ou *Exposição sumária da religião universal*.

Da filosofia de Comte, o seu núcleo "radica na ideia de que a sociedade só pode ser convenientemente reorganizada através de uma completa reforma intelectual do homem" (Giannotti, 1978, p. 15).

1.2.16 Johann Gottlieb Fichte

Fichte foi um filósofo, pensador rigoroso e orador que realizou um diagnóstico de seu tempo. Em seus escritos populares consta a *Determinação do homem* (1800) e os *Discursos à nação alemã* (1808). Seus textos para a doutrina da ciência são considerados os mais difíceis da história da filosofia. Assim:

> Relatos e cartas dizem que já no inverno de 1793/94, em Zurique, Fichte descobriu o Eu como o novo fundamento da filosofia. E precisamente o Eu é, para Fichte, o princípio irredutível da filosofia, porque ele não pode ser negado sem, ao mesmo tempo, pressupô-lo. O conhecimento teórico da fundamentação consiste, portanto, no fato de que apenas o Eu é o princípio da filosofia, porque apenas ele é aquilo que se fundamenta a si mesmo, "se põe" a si mesmo. (Iber, 2012, p. 103)

Em sua filosofia, Fichte não destaca apenas o descobrimento do princípio absoluto como máxima, mas busca fundar as estruturas do ser humano com base nesse princípio. Ao escrever *Sobre o conceito da doutrina da ciência* (1794), Fichte registrou dois pensamentos expressivos: um deles afirma que a filosofia deve ser ciência; o outro, que essa posição deve ser obtida de forma sistemática (Iber, 2012).

1.2.17 Arthur Schopenhauer

Schopenhauer defendeu que a vontade única se objetiva nas ideias, que se constituem em arquétipos permanentes de todas as coisas sensíveis. Ele define a vontade sob a forma de "um querer infinito", que tem como origem uma necessidade, uma privação, um sofrimento. Satisfeita essa condição, há o fim do querer, da vontade (Puls, 2006, p. 388).

Contudo, "para cada desejo que é satisfeito, dez, pelo menos, são contrariados; além disso, o desejo é demorado e as suas exigências tendem para o infinito; a satisfação é curta e é parcimoniosamente medida" (Puls, 2006, p. 388). Após ser realizado o desejo, este se torna uma ilusão e a motivação é considerada um erro, de modo que a consciência humana não se tranquiliza nunca nessa busca de querer.

Sobre as ideias, especificamente, Schopenhauer conduz diversas interpretações, dizendo que elas não existem no espaço e no tempo em razão de serem fixas e eternas e que exprimem as propriedades da matéria pelas formas acidentais que as representam; sendo assim, o filósofo entende que cada ideia é expressa em vários indivíduos. Nesse cenário, existe a matéria e esta se caracteriza como um substrato comum a todos que existem, constituindo-se como um elo entre a ideia e o indivíduo como resposta de sua natureza, que é a causalidade (Puls, 2006).

Origem grega

Segundo Iber (2012), uma anotação para o conceito de *ideia* implica em defini-la como uma palavra grega, derivada da raiz indo-europeia *id*, cujo significado é "ver". No verbo *idein*, a ideia se constitui em sua formação nominal; já o verbo, "por sua vez, tem a mesma raiz e mesmo significado que o verbo latino 'videre', 'ver'" (Iber, 2012, p. 33).

Apondo-se à opinião de Platão sobre as ideias, assim dispôs Iber (2012, p. 33): a ideia é "a coisa do olho, [...] 'belas para serem olhadas' [...]. Em Platão, no sentido mais abstrato, a 'ideia' representa a forma ou a espécie. Na formação da metafísica platônica, a ideia se torna, então, no que é verdadeiro, no eterno e imutável".

Platão afirma que as ideias são pensadas, mas não vistas; no entanto, atribui-lhes o que denomina de *visibilidade transcendente*, porque "com os olhos corporais não se é capaz de avistar a ideia; todavia, podemos vê-la com os olhos do espírito" (Iber, 2012, p. 34).

Outros filósofos são referidos por Scheunemann (2010) como representantes das filosofias existencialistas: Soren Kierkegaard (1813-1855), Friedrich Nietzsche (1844-1900) e, mais proximamente, Jean-Paul Sartre (1905-1980); na sequência, vieram Edmund Husserl (1859-1938) e Martin Heidegger (1889-1976). Este último dissociou a filosofia moderna voltada à teoria do conhecimento e indicou a retomada da questão da ontologia, a investigação do ser.

Edmund Husserl define a filosofia como "a ciência universal da fundamentação absoluta" (Iber, 2012, p. 9). Em sua investigação, esse filósofo distinguiu três conceitos de consciência: a unidade da corrente de vivência, interpretada como "as vivências ou os estados de consciência, que constituem estados de uma entidade para a qual é evidente que a entidade que os têm está avistada neles" (Iber, 2012, p. 27); o avistar de tais estados via percepção interior; e as vivências intencionais, caracterizadas na consciência do sentido da consciência de algo ou de um objeto (Iber, 2012).

Para Husserl, a intencionalidade se traduz em uma magnitude diferenciada entre si, percebendo-se formas diversas de se referir de modo intencional a um e único objeto. Essas acepções trazem o enfoque à expressão grega *noesis* (que significa "intuição"), e a cada objeto intencional dessas intenções Husserl denomina de *noema*, sendo esse um objeto intuído (Iber, 2012).

"Contudo, também ocorre que a filosofia cria palavras filosóficas artificiais. Por exemplo, 'intencionalidade' é uma palavra filosófica artificial. Portanto, a filosofia inventa palavras, a fim de destacar certos elementos de nosso compreender e de nosso pensar. Contudo, seria falso entender os fenômenos que são designados com 'pensamentos' e com 'intencionalidade' como se originando apenas historicamente quando se refletiu sobre eles". (Iber, 2012, p. 32)

1.2.18   Friedrich Nietzsche

Nietzsche nasceu em Röcken, na Alemanha, filho de um pastor luterano. Estudou em Bonn, também na Alemanha, dedicando-se à filologia clássica, tornando-se professor dessa disciplina em Basel, na Suíça. Recebeu muitas críticas, na primeira metade do século XX, quanto às bases teóricas do nacional-socialismo adotado pelos nazistas (Hegenberg, 2010).

Entre suas obras registradas, considerando a data de publicação, estão:

» *O nascimento da tragédia* (1872);
» *Considerações inatuais* (1873-1876);
» *Humano, demasiado humano* (1878);
» *Aurora* (1881);
» *Gaia ciência* (1882);
» *Assim falou Zaratustra* (1883);
» *Além do bem e do mal* (1886);
» *A genealogia da moral* (1887);
» *Vontade de poder* (1888), sua última obra, inconclusa.
» *O caso Wagner* (1895);
» *O crepúsculo dos ídolos* (1889);
» *O anticristo* (1895);
» *Nietzsche contra Wagner* (1895);
» *Ecce homo* (1908).

Entre as ideias mais divulgadas de Nietzsche, encontram-se as teorias éticas da Antiguidade que sustentaram a bondade como resultado da saudável atuação do ser humano. O filósofo, no entanto, via a condição humana como doença profunda, com sintomas presentes, especialmente, nas diversas religiões existentes no mundo:

> Religiões do Oriente, como o budismo, têm como alvo derradeiro o "vazio", o "nada". São religiões niilistas que pregam "escapar da vida". Religiões do Ocidente, incluindo o cristianismo, são ainda piores. São de tal modo hostis à vida que põem diante de nós a promessa de tortura eterna. Em resumo, para Nietzsche, a condição em que vivemos é a de negação da vida. (Hegenberg, 2010, p. 131)

A formulação mais adequada ao pensamento de Nietzsche, segundo Hegenberg (2010), é encontrada em sua obra *Vontade de poder*, porque, influenciado pelas ideias de Schopenhauer e de Spinoza, bem como pela biologia daquele tempo, o filósofo reconheceu que a autopreservação é um traço constante da personalidade, um fio condutor da vida humana.

Indicações culturais

Para o aprofundamento do estudo sobre a filosofia e com o intuito de auxiliar no desenvolvimento da compreensão e do interesse acadêmico para esse aprendizado, sugerimos a busca de alguns materiais que poderão ilustrar de modo mais amplo as sínteses apresentadas neste capítulo.

Filmes

O NOME DA ROSA. Direção: Jean-Jacques Annaud. Alemanha, França, Itália: 1986. 130 min.

Com base no romance homônimo de Humberto Eco, esse filme tem no elenco Sean Conery, F. Murray Abraham e Cristian Slater e conta a história de um monge franciscano que dá início à investigação de uma série de mortes suspeitas que estão acontecendo em um mosteiro beneditino localizado na Itália, na Idade Média. Um dos fatores em comum que essas mortes apresentam é que todas as vítimas são sempre encontradas com os dedos e as línguas roxas. Dentro do mosteiro há uma grande biblioteca, com publicações sacras e profanas, às quais apenas alguns monges têm acesso.

SANTO AGOSTINHO – O DECLÍNIO DO IMPÉRIO ROMANO. Direção: Chistian Dugay. Alemanha, Itália: Warner Home Video, 2010. 200 min.

Esse filme sobre Santo Agostinho fala sobre a sua decisão em ficar ao lado do povo no cerco romano. A história começa com o idoso Agostinho recordando sua vida pouco antes de morrer, morando em Hipona, em 430, cidade controlada pelos exércitos vândalos. A vida do santo é narrada com seus excessos e transgressões até a crise existencial que o levou à conversão, no marco do colapso do Império Romano. Após a projeção de uma prévia do filme sobre a vida do Doutor da Igreja, o papa Bento XVI comentou que "nós não podemos encontrar sozinhos a Verdade, mas a Verdade, que é Pessoa, nos encontra" (Santos, 2009, p. 1), além de que "representa toda a realidade da vida humana, com todos os problemas, as tristezas, os insucessos, bem como o fato de que, ao final, a Verdade é mais forte que qualquer obstáculo e encontra o homem. De fora, a vida de Santo Agostinho parece terminar de modo trágico: o mundo pelo qual e no qual viveu acaba, é destruído. Mas como foi dito aqui, a sua mensagem permanece e, ainda com as mudanças no mundo, perdura, porque vem da Verdade e conduz para a Caridade, que é o nosso destino comum" (Santos, 2009, p. 1).

Sites

50 LIÇÕES DE FILOSOFIA. **Filmes**. 2013. Disponível em: <http://50licoes.blogspot.com.br/2013/05/filmes.html>. Acesso em: 25 mar. 2015.

Acesse o *blog* 50 Lições de Filosofia para ver indicações de outros filmes relacionados à filosofia.

SEED – Secretaria de Estado da Educação do Paraná; Núcleo Regional de Francisco Beltrão. **Filmes sugeridos para aula de Filosofia**. Disponível em: <http://www.nre.seed.pr.gov.br/franciscobeltrao/arquivos/File/disciplinas/Filosofia/lista_de_filmes.pdf>. Acesso em: 25 mar. 2015.

No *site* da Secretaria de Estado da Educação do Paraná (Seed), Núcleo Regional de Francisco Beltrão, são sugeridos vários filmes para o ensino da Filosofia, relacionando-os às diferentes temáticas que norteiam a história da disciplina.

Síntese

Neste Capítulo, apresentamos uma abordagem sobre a educação e o ensino da Filosofia como uma nova obrigatoriedade legal das políticas públicas da educação nacional. Especificamente, a construção do texto trouxe noções sobre a disciplina, o modo como surgiu e se desenvolveu ao longo dos séculos, na fala e na produção de inúmeros pensadores em todo o mundo, que trazem aos leitores contemporâneos as instruções sobre como fazer filosofia.

Acreditamos que o estudo de filosofia na escola, durante os ensinos fundamental e médio, permite ao professor informar ao aluno que essa ciência tem evoluído com base nas proposições filosóficas de grandes pensadores e filósofos que a história da humanidade contemplou ao longo dos séculos.

Consideramos, assim, que o estudo da filosofia é relevante em sua contribuição ao conhecimento filosófico e à oportunidade de fazer o aluno pensar, ajudando-o a se posicionar perante o mundo e a fazer novas formulações sobre a vida.

É importante lembrar que a Unesco, como um dos organismos internacionais que incentiva a educação para todos, tem enfatizado a necessidade de que as nações implementem a solidariedade intelectual e moral da humanidade por meio do acolhimento e da produção de saberes.

Ao apresentarmos alguns dos filósofos mais importantes na história da humanidade, pretendemos que o aluno veja como a filosofia foi sendo construída ao longo do tempo e que sua produção não deve ser reduzida em nenhum momento, e sim instigada com os questionamentos sobre a vida, a realidade e o próprio homem.

Para finalizar, pretendemos esclarecer que o conhecimento sucinto dos atores filosóficos de diferentes épocas deve despertar no aluno o interesse em se aprofundar na história da filosofia, em suas criações e seus conceitos, de modo que um novo olhar e novos exercícios de reflexão e criação possam ser idealizados, senão realizados, como resposta a esse aprendizado.

Atividades de autoavaliação

1. Assinale a alternativa correta:

a) A ciência do princípio da razão como fundamento de todos os outros saberes e como autorreflexão da vontade é a definição do conhecimento.
b) A filosofia é a arte de formar grupos, de inventar e de fomentar conceitos.
c) Na Grécia, os gregos substituíram o sábio pelos filósofos.
d) Um conceito sem assinatura é de todos.

2. Assinale a alternativa **incorreta**:
   a) Assim como, por um lado, a educação ensina alguma coisa aos homens, por outro, não faz mais do que desenvolver neles certas qualidades.
   b) A filosofia não é um conhecimento instituinte, no sentido de que questiona o saber instituído.
   c) A filosofia, de modo enfático, é uma disciplina que consiste em criar conceitos.
   d) Todas as declarações dos itens anteriores são possíveis respostas a questões sobre os conceitos de filosofia.

3. Indique os devidos complementos para cada frase:
   (1) que lhes são dados;
   (2) que estamos fazendo filosofia;
   (3) pensar e de escrever.
   ( ) A assinatura remete ao estilo filosófico de cada um, à forma particular de...
   ( ) Os filósofos não devem mais se contentar em aceitar os conceitos...

( ) Na filosofia, quando discutimos proposições filosóficas, significa...

Assinale a alternativa que corresponde corretamente à sequência obtida:

a) 1, 2, 3.
b) 1, 1, 3.
c) 2, 3, 1.
d) 3, 1, 2.

4. Para que é necessária a filosofia?
   a) Para compreender a essência do ser.
   b) Em razão da aquisição do conhecimento simbólico sobre o mundo e sobre o ser humano.
   c) Por causa dos benefícios que ela traz ao ser humano.
   d) Porque ela possibilita a transcendência humana.

5. Considerando as razões por que os primeiros filósofos, oriundos da Grécia, foram assim denominados, indique se as alternativas são verdadeiras (V) ou falsas (F):
   ( ) Por manterem uma visão pragmática da atividade política.
   ( ) Porque afirmaram que todas as coisas se mantêm em movimento.
   ( ) Por buscarem o caráter ordenado, legal e racional do mundo.
   ( ) Porque inauguraram verdadeiramente uma nova forma de pensar que rompe com as tradições orais da Grécia arcaica.

Assinale a alternativa que corresponde corretamente à sequência correta:

a) V, F, F, V.

b) V, F, V, V.
c) V, V, F, V.
d) F, F, V, V.

Atividades de aprendizagem

Questões para reflexão

1. Kant (1999, p. 444) afirma a necessidade de o homem se educar e defende que "Ele é aquilo que a educação dele faz". Como poderia ser elaborada uma discussão filosófica que envolve um indivíduo educado e que toma por hábito a prática de atos lesivos ao seu entorno, seja com respeito aos direitos e deveres políticos, sociais e ambientais, seja quanto à ética e à honra? Para melhor responder a essa questão, veja o caso do médico Roger Abdelmassih:

    UOL NOTÍCIAS COTIDIANO. **Procurado há quase quatro anos, médico Roger Abdelmassih é preso no Paraguai**. São Paulo, ago. 2014. Disponível em: <http://noticias.uol.com.br/cotidiano/ultimas-noticias/2014/08/19/procurado-ha-quatro-anos-medico-roger-abdelmassih-e-preso-no-paraguai.htm>. Acesso em: 16 mar. 2015.

    Reflita sobre essas questões e formule uma explicação de, no máximo, 15 linhas que possa servir de justificativa para o que escreveu o filósofo e para afirmar a conduta de uma pessoa educada.

2. Segundo Silva (2007), a filosofia é a arte de perguntar. Referente ao contexto contemporâneo da filosofia, no qual a comunicação, em grande parte, ocorre em tempo real e virtual, de que modo podem ser organizadas perguntas que apresentem dúvidas quanto

ao ambiente, ao ser e à natureza como indivíduos comunicantes e separados no espaço?

Escreva a sua opinião sobre um fazer filosofia com os recursos da comunicação virtual e da tecnologia da informação, mediante produção de uma atividade prática de até 15 linhas.

Atividade aplicada: prática

1. Elabore um questionário com três questões fechadas e duas abertas sobre o ensino da filosofia. Indague sobre o conhecimento filosófico que os alunos detêm, qual a satisfação/interesse deles no aprendizado dessa disciplina e que perspectivas possuem para a sua formação. Aplique essa atividade a, pelo menos, dez alunos do ensino médio de uma escola pública e analise os resultados comparativamente ao que dispõem as políticas públicas educacionais sobre o ensino da filosofia no ensino básico.

11

A tecnologia na sala de aula: ensino de filosofia no espaço cibernético e virtual

Na contemporaneidade, acreditamos que o fazer filosofia está presente, cotidianamente, na vida de todos os cidadãos, alunos e não alunos, que convivem em sociedade e elaboram inter-relações com seus pares. A forma de fazer filosofia é assunto discutido por Gelamo (2009a), quando questiona sobre o ensino em sala de aula, tendo como centro de debate "o domínio dos temas a serem abordados e a metodologia a ser usada para o seu ensino" (Gelamo, 2009a, p. 27).

Hoje, pensamos sobre formas de trazer o ensino da filosofia à sala de aula associando-a às tecnologias e aos recursos da comunicação virtual como uma alternativa dinâmica e contemporânea de oferecer ao aluno a oportunidade de efetuar a problematização, trazendo as proposições clássicas dos grandes filósofos e provocando tensionamentos sobre elas.

A respeito da importância de ensinar filosofia em sala de aula, interpretamos como uma nova etapa de saberes que devem ser validados pela sociedade na construção de valores humanos, ética e respeito mútuo. A adoção de recursos tecnológicos como metodologia de ensino da filosofia não somente amplia o desenvolvimento da capacidade criativa como favorece a ação de liberdade de cada sujeito – no caso, o aluno – para que manifeste a sua expressão de vida e de mundo.

Neste capítulo, abordaremos a tecnologia na sala de aula e o ensino da filosofia no espaço virtual, registrando conceitos sobre o contexto cibernético e de como se está estabelecendo uma ágora em sala de aula virtual.

2.1 Trazendo esclarecimentos sobre o cibernético

Gelamo (2009a, p. 98), no que diz respeito ao ensino da filosofia, menciona três problemas que se interrelacionam:

> (1) o entendimento da importância do ensino da filosofia para a sociedade, para a cultura e para a formação crítica do homem; (2) a reflexão sobre os temas importantes a serem ensinados e sobre o currículo; e (3) a procura por uma metodologia do ensino da filosofia e do ensino do filosofar.

O autor comenta que são três imagens do pensamento que permitem circunscrever a sua ortodoxia, sendo elas o espaço no qual devem estar aqueles que se dedicam a pensar o ensino da disciplina: "Esses seriam os lugares-comuns a partir dos quais a Filosofia, quando pensa seu ensino, se coloca para filosofar" (Gelamo, 2009a, p. 98).

Ao abordamos a ideia de espaços diferenciados para o ensino, estudo ou exercício de filosofia, não podemos deixar de lembrar os questionamentos de Janz (2004, p. 105): "De onde é (melhor) que a Filosofia vem (venha)?" e "Onde tem lugar a questão sobre o direito à Filosofia?". Essas mesmas dúvidas já foram registradas por Jacques Derrida (citado por Janz, 2004, p. 105), com teor incisivo e inquisitivo:

> Começarei com a questão "onde?". Não diretamente com a questão "onde estamos?", ou "como chegamos?", mas "onde tem lugar a questão sobre o direito à Filosofia?", que pode ser imediatamente traduzida por "onde ela deveria ter lugar?". Onde é que ela encontra hoje o seu lugar mais apropriado?

Sobre o que é a filosofia, Deleuze e Guattari (2007, p. 2) defendem que "tardiamente, quando chega a velhice, e a hora de falar concretamente, de fato, a bibliografia é muito magra. Esta é uma questão que enfrentamos numa agitação discreta, a meia-noite, quando mais nada resta a perguntar".

Com base nas questões de Derrida (citado por Janz, 2004), Deleuze e Guattari (2007) sobre o direito à filosofia, onde ela deveria ter lugar e onde hoje ela encontra seu lugar mais apropriado, caracteriza-se uma discussão sobre se as condições na Grécia Antiga eram ideais ao desenvolvimento da filosofia e, ainda, se essa ciência "requer condições sociais, culturais ou políticas específicas, ou talvez um ambiente urbano, uma *polis*, para se desenvolver" (Janz, 2004, p. 105).

No que diz respeito à educação, ao ensino da Filosofia na escola e que lugar esta ocuparia entre as disciplinas, podemos dizer que não há limitações geográficas, pois a Filosofia alcança a relação – ou seja, vive em um lugar que é de todos e têm relações com disciplinas ditas *adjacentes*, indicando proximidade intelectual com aquelas que fazem parte das humanidades. Podemos pensar que, em razão de sua natureza abstrata e conceitual, a filosofia pode ser tanto ensinada em sala de aula quanto na selva; em ambiente urbano ou rural; entre filósofos profissionais e não profissionais; em uma fábrica ou em uma reunião de executivos; em um país desenvolvido ou em um que esteja em desenvolvimento (Janz, 2004).

De qualquer modo, convém estudar o comportamento de um dos primeiros filósofos universais – Sócrates, sobre o qual as noções comuns da história da filosofia relatam: foi detentor de um conhecimento vivo e estava em constante processo de criação; teve como conteúdo a experiência cotidiana; guiava-se pelo princípio de que nada sabia; iniciou a interrogação e o questionamento; criticou o saber dogmático e não adotou para si o título de detentor do saber; despertou consciências adormecidas; desnorteou e subverteu a ordem do conhecer e do fazer. Com base nisso, é possível confirmar a conclusão de Aranha e Martins (1993, p. 129) de que, "se fizermos um paralelo entre Sócrates e a própria Filosofia, chegaremos à conclusão de que o lugar da filosofia é na praça pública".

Não havendo rigidez ou conveniência em relação ao lugar no qual se desenvolve a filosofia, a contemporaneidade vem trazendo como local de discussão o espaço cibernético, virtual. Acerca da origem do termo *virtual* – que vem do latim medieval *virtualis*, derivado do termo *virtus*, que significa "força", "potência" –, Lévy (1997, p. 18) afirma:

Na filosofia escolástica, é virtual o que existe em potência e não em ato. O virtual tende a atualizar-se, sem ter passado, no entanto, à concretização efetiva ou formal. Em termos rigorosamente filosóficos, o virtual não se opõe ao real, mas ao atual: virtualidade e atualidade são apenas duas maneiras de ser diferentes.

Lévy (1997) pressupõe a virtualização como dinâmica, apontando-a como um "movimento inverso da atualização", pois atua como mutação de identidade, nunca como uma solução; antes, atua como encaminhamento da busca da consciência em um campo problemático, caracterizando-se como um dos vetores essenciais da criação de realidade.

"Em Newton, tempo e espaço ainda eram absolutos e mantinham-se em referência mútua. Einstein relativizou o tempo e o espaço, mas a relação entre um e outro permaneceu. Tendências filosóficas, sobretudo Kant, a **filosofia da vida** e a filosofia da existência, bem como, muito antes, Agostinho – ainda que com grandes diferenças – haviam deslocado o tempo, transferindo-o do objeto para o sujeito, para a 'existência' e a subjetividade. Em Kant, o espaço e tempo são formas aprioristicas da intuição no âmbito da cognição sensível". (Kolb, 2001, p. 16, grifo do original)

Atualmente, o assunto é sobre as classes sem fronteiras, a ágora eletrônica, o seminário *World Wide Web*, a classe mundial e as demais metáforas que indicam que algo está acontecendo no campo da filosofia e, com maior ênfase, no ensino e na pesquisa filosófica na era do *ciberespaço,* ou seja, do meio eletrônico conhecido como *internet* (Ursua, 2006).

Segundo Kolb (2001, p. 16), "na internet, espaço e tempo perdem sensivelmente seu significado, especialmente o espaço; no mínimo têm seu *status* alterado. Já não é preciso mais ir a (quase) nenhum lugar para resolver as coisas, para exercer a própria profissão, para fechar negócios, fazer conferências".

Ao funcionar como um meio de comunicação, a internet não se traduz simplesmente como resultado do uso de ferramentas específicas, que incluem o correio, as salas de *chats* e os comentários, e sim, em razão de que tais mecanismos, contribui para desestabilizar o repositório em permanente construção. Sobre isso, Moreira (2005, p. 60) ressalta:

> A internet oferece todas as possibilidades com as quais nem mesmo os mais entusiastas escritores de ficção ou os utópicos sonhadores de Alexandria poderiam sonhar. A quantidade de informações é tal, que com menos de 12 anos de idade pode-se ter tido acesso a um número muito superior do que aquele que um adulto na Idade Média seria capaz de recolher durante toda a sua vida.

Cuadrado (2011) relaciona uma proposta para um conjunto de habilidades ou competências sociocognitivas básicas que podem ser aprendidas e exercidas por meio da internet e que permitem ao indivíduo adaptar-se à sociedade do conhecimento. Dessas habilidades, selecionamos aquelas que se coadunam com os objetivos da obra, de que o aluno se socialize ao interagir com outros indivíduos e que crie e provoque questionamentos acerca de si, do mundo e das coisas.

Sobre as habilidades ou competências, apresentamos aquelas que são desenvolvidas para que o indivíduo aprenda a participar da vida pública – compreendendo o termo *vida pública*, para esta obra, o definido na Enciclopédia da Conscienciologia[1] (2010, p. 39)[2].

Para Cuadrado (2011), tais habilidades ou competências são parte de um conjunto de estratégias que "fazem de cada cidadão no ambiente ativo, participativo e responsável em sua comunidade ou membro". Entre elas, estão a construção de uma identidade pessoal e metas importantes com vistas a melhorar o mundo; a capacidade de participar ativamente na vida pública, desenvolvendo serviços integrados de voz e voto nas associações, organizações não governamentais (ONGs) etc.; a promoção e a manutenção de atitude empática e tolerante, que favoreça o diálogo e o respeito pelos outros em busca de consenso; e o desenvolvimento de uma visão crítica que tenha como fundamento a análise ponderada e argumentos eficazes contra a alienação e a manipulação da mídia, de políticos, entre outros.

Nesse sentido, "A Internet é um meio adequado para treinar as habilidades psicoeducativas pelas características que oferece" (Cuadrado, 2011, p. 145).

---

1 A expressão *conscienciológico* foi utilizada pela primeira vez em 1978 pelo filósofo, jurista e educador brasileiro Miguel Reale, no seu livro *Filosofia do Direito* (Santana, 2014).
2 A vida pública é o conjunto de atividades humanas característico do modo de a pessoa, cidadão ou cidadã, desenvolver a existência abertamente na Sociedade Intrafísica (Socin), em certo período compreendido entre a ressoma e a dessoma, dentro do grupo social ou evolutivo (Enciclopédia da Conscienciologia, 2010, p. 39).

> Perguntas e respostas
>
> Como oportunizar o aprendizado da disciplina de Filosofia, o fazer filosofia, na ágora eletrônica para aqueles indivíduos que não têm acesso à rede mundial de computadores e para aqueles que não se caracterizam como agentes *na* e *da* vida pública?
>
> Diante dessa questão extremamente importante a respeito da formação humana, devemos lembrar que, a exemplo das estatísticas nacionais atuais sobre a educação desde a infância, as políticas públicas educacionais ainda não alcançaram as metas previstas na Conferência Regional de Santo Domingo e no Fórum Mundial de Dakar (Unesco; Consed, 2001), em 2000. Assim, resta-nos pensar que, quando o Brasil superar o analfabetismo, o Estado poderá disponibilizar a comunicação *online* nas instituições de ensino para todos. Por enquanto, compete a cada brasileiro, como cidadão, atuar no sentido da inclusão de todos na educação, na formação de identidade e para a cidadania.

Chegamos, então, aos conceitos de Lévy (1997) sobre a compreensão de **lugar** – a virtualização. Para esse autor, aquilo que participa do contexto virtual não poderá mais se situar de modo preciso, porque seus elementos estão dispersos e são nômades, o que descaracteriza sua posição geográfica.

Dentre esses elementos, Lévy (1997) destaca o texto, antes escrito em um papel, que pode ocupar uma porção do espaço físico a ele destinado. No entanto, ao ser configurado com a atualização de um hipertexto de suporte informático, o texto passará a ocupar virtualmente todos os pontos da rede a que se conecta a memória digital na qual se inscreve o seu código.

Ainda que contenha em si um endereço a um arquivo digital, trata-se, segundo Lévy (1997, p. 19), de um endereço "transitório e de pouca importância", exatamente porque esse hipertexto já possui a classificação de **desterritorializado**, o que contribui para a produção de acontecimentos de atualização textual, de navegação e de leitura, não possuindo um lugar.

De acordo com Silva (2011), o digital teve responsabilidade sobre uma revolução tecnológica e cultural sem precedentes, desde que os átomos foram transformados em *bits*. Para esse autor, "A codificação digital contempla o caráter plástico, fluído, hipertextual, interativo e tratável em tempo real do conteúdo da mensagem" (Silva, 2011, p. 3).

Nessa revolução tecnológica, o ambiente virtual é, antes de tudo, "um lugar popular cujo número de usuários cresce e ainda assim (ainda hoje) tem-se a sensação de estar só quando se vagueia pela *Web*. Não se sente a presença de outros" (Moreira, 2005, p. 62).

Podemos compreender o quadro que se estabelece para o ensino da filosofia na afirmação de Silva (2007, p. 26):

> O virtual é o real em potência. A pergunta, virtual "encarnado", sempre reclama uma resposta atual. Em função das chamadas novas tecnologias da comunicação, ancoradas na informática e na "realidade virtual", ressurgiu o problema da definição de certos conceitos: virtual, real, comunicação, informação.

Vemos, então, que a ideia de um novo lugar para a filosofia pode estar na nova interface que está ocorrendo entre o homem e a máquina, porquanto ambos mudam em *continuum* concomitantemente ao aprofundamento da interação que ocorre entre eles, o que proporciona um mundo artificial, administrado via tecnologia e com características eminentemente culturais, opondo-se à natureza (Silva, 2007).

Velloso (2008, p. 103) situa o espaço cibernético "como ambiente que compõe a ágora eletrônica na cena contemporânea, sob a égide de novas interfaces e da cibercultura, comprometidas por outras temporalidades e territorialidades". O autor destaca, no entanto, que essa percepção requer também o estudo dos conceitos que se referem às esferas pública e privada. Trata-se do ciberespaço.

As origens do ciberespaço

A expressão *ciberespaço* surgiu no romance *Neuromancer* (1984), de William Gibson, como uma combinação da dimensão simbólica e experiencial que obtemos quando fazemos uso da internet, especialmente de *e-mails*. Contemporaneamente, o encontramos, inclusive, quando assistimos a filmes, pois o ciberespaço é uma conexão entre máquinas, programas, telas e modos de informação e comunicação, quais sejam: *e-mail*, páginas da *web*, salas de *chat*, *MUDs – Multi-users-domains* (estes últimos se caracterizam como domínios multiusuários, consistindo no uso base de dados de computador para construir mundos virtuais nos quais os participantes interagem, muitas vezes, por meio de texto ou avatares, construindo uma história coletiva); além disso, o ciberespaço constitui-se em imagens e ideias (Ursua, 2006).

GIBSON, W. **Neuromancer.** Tradução de Abdoulie Sam Boyd e Lumir Nahodil. Data Publicação Original, 1984. Data da Digitalização, 2002. Disponível em: <http://www.libertarianismo.org/livros/wg neuromancer.pdf>. Acesso em: 12 mar. 2015.

O ciberespaço foi mencionado por Cebrián (1998) como termo substituto a *infopistas* ou *infovias*, que caracterizaram os meios de transmissão de dados ainda na década de 1990. De acordo com as proposições desse autor, a tecnologia digital acelera a comunicação e coloca os indivíduos no mundo da realidade virtual: "Os estudiosos do ramo a definem como a simulação informática do espaço tridimensional, mas no meu modo de entender a realidade virtual é algo muito mais amplo e se confunde com a vida no ciberespaço. Sua característica é que ela está fora da nossa realidade vigente" (Cebrián, 1998, p. 37).

Fora da realidade vigente, a realidade virtual existe porque é imaginada pelo homem, mas integra o mundo da imaginação ao real, eliminando as distâncias físicas e temporais, porque transporta as informações pela velocidade da luz.

Para a descrição de ciberespaço, utilizamos os registros de Lévy (2001, p. 29, grifo do original):

> O ciberespaço será o epicentro do mercado, o foco da criação e da aquisição dos conhecimentos, o principal meio da comunicação e da vida social. A internet representa simplesmente o estágio de união da humanidade que sucede à cidade física. Encontraremos aí quase todas as atividades que encontramos na cidade, mais umas quantas, completamente novas. A principal originalidade da cidade virtual é que é única e planetária, ainda que tenha, evidentemente, espaços protegidos (redes especializadas) e bairros

reservados (intranet e extranet). É tão absurdo opor a sociabilidade e os intercâmbios intelectuais livres e gratuitos às atividades comerciais no ciberespaço como opô-los dentro das cidades. As cidades existem necessariamente *ao mesmo tempo e no mesmo lugar*: mercados, centros de intercâmbios de informações e de desenvolvimento da cultura, espaços de sociabilidade. Acontece exatamente o mesmo com o ciberespaço.

Ou, ainda, como afirma Ursua (2006, p. 216):

> O ciberespaço é, em poucas palavras, o espaço conceitual onde têm lugar as conexões *on-line*. Os aspectos mais importantes do ciberespaço são o desaparecimento das fronteiras que oferecem a estrutura da vida real: não há espaço físico no ciberespaço, em seu lugar aparece uma conexão rizomática de computadores que expandem todos os limites físicos conhecidos.

O espaço cibernético pode ser, portanto, reconhecido como um novo espaço social, criado como decorrência das ações humanas ao longo do tempo – lembrando que Lefebvre (2007) já havia tratado da busca pela ciência do espaço por meio de diferentes encaminhamentos, que incluem a filosofia, a epistemologia, a ecologia, a geopolítica, a análise sistêmica, a antropologia e a etnologia.

Esse autor salienta o desconhecimento do espaço, porque não há uma definição segura quanto à sua descrição e fragmentação. Sobre esse último aspecto, Lefebvre enfatiza a fragmentação que a sociedade deseja, defendendo que "apresenta-se, assim, um espaço geográfico, ou etnológico, um espaço da demografia, um espaço da informática etc. Ou ainda um espaço pictural, um espaço musical, um espaço plástico" (Lefebvre, 2007, p. 90-91).

Sobre esse apontamento, Haesbaert e Ramos (2004, p. 42) afirmam que o autor formula "uma das contribuições mais bem-sucedidas em relação à dimensão espacial na Filosofia e nas Ciências Sociais", e assim surge o termo *desterritorialização*, significando a "conquista" ou "anulação" do espaço, compreendido, sobretudo, como uma nova produção do espaço.

De acordo com Lévy (1997), além do termo *desterritorialização*, podemos associar outro caráter à virtualização: a transição do interior ao exterior e deste ao inicial. Esse efeito é denominado de *moebius* e apresenta diferentes registros: aquele das relações entre privado e público, próprio e comum, subjetivo e objetivo, mapa e território, autor e leitor.

Um dos exemplos dados por Lévy (1997, p. 24) está relacionado ao contexto empresarial e virtual:

> O trabalhador clássico tinha *sua* mesa de trabalho. Em troca, o participante da empresa virtual *compartilha* um certo número de recursos imobiliários, mobiliários e programas com outros empregados. O membro da empresa habitual passava do espaço privado de seu domicílio ao espaço público do lugar de trabalho. Por contraste, o teletrabalhador transforma seu espaço privado em espaço público e vice-versa. Embora o inverso seja geralmente mais verdadeiro, ele consegue às vezes gerir segundo critérios puramente pessoais numa temporalidade pública. Os limites não são mais dados. Os lugares e tempos se misturam. As fronteiras nítidas dão lugar a uma fractalização das repartições. São as próprias noções de privado e de público que são questionadas. [grifo do original]

Com a rede mundial, a viagem cibernética dos *bits* pelo novo espaço virtual permite ao indivíduo estar submerso em um diálogo universal e multiforme, "sem fronteiras aparentes nem outras limitações senão as que impomos a nós mesmos" (Cebrián, 1998, p. 49).

Em seu estudo, Velloso (2008, p. 103) considerou o ambiente virtual da seguinte forma:

Ambiente das ações e interações dos sujeitos sociais organizados, sob a percepção de que as redes que se compõem na sociedade não reinventam, na sua essência, os movimentos sociais, mas certamente lhes conferem outras dimensões culturais, sustentadas pela diversidade e amplitude das conexões ensejadas pelas tecnologias da informação e da comunicação, determinantes para a instauração da (ciber)cultura contemporânea.

Neste ponto, para darmos continuidade ao nosso processo de raciocínio, podemos lançar mão das seguintes perguntas: Existe uma democracia virtual? Ela se encontra em um espaço democrático virtual da inteligência coletiva? Ou, ao contrário, conforme Silva (2007, p. 28), "Com novos e poderosos instrumentos tecnológicos, ingressamos de vez na espetacularização do social e no esvaziamento da política?"

De acordo com Barros e Henriques (2011, p. 9), "Os novos ambientes virtuais de aprendizagem têm como tendência novas percepções e formatos de concepção de educação, *online*, aberta" (grifo do original). Levando esse comentário em consideração, podemos destacar a estrutura dos novos ambientes virtuais e as implicações destes para a prática pedagógica autônoma, bem como as propostas de formação contínua para os docentes como formas de estímulo constante do aprender a aprender nas sociedades da informação e do conhecimento.

Esse mesmo pensamento é afirmado por Goulão (2011, p. 77-78, grifo do original), para quem o momento é de "ensinar os estudantes a aprender – *aprender a aprender* – recorrendo a metodologias motivadoras e flexíveis, onde (*sic*) se integrem diferentes recursos didáticos, conteúdos dinâmicos e interativos". Essa proposição requer diversificação dos canais de comunicação, das formas de trabalhar e do espaço para escolha de itinerários, atividades e formas em consonância com o estilo de aprendizagem.

O impacto social da informática e do sistema de telecomunicações não teria tanta ênfase se não estivesse pautado na interatividade, a qual recupera a possibilidade do diálogo para o indivíduo e o traz para o centro da criação. Como bem explica Cebrián (1998, p. 49-50):

> Uma grande parte do tempo empregado na Internet destina-se às reuniões de grupo, discussões alternativas e debates sobre todos os tipos de questões. Proliferam os cibercafés, as conversas em locais predeterminados, todos os gêneros de clubes em que adolescentes sonhadores, donas de casas enfastiadas e indivíduos desempregados gastam suas horas polemizando os temas mais incríveis. [...] as chamadas autopistas da informação, à medida que possam ver-se representadas pela internet, constituem uma contribuição efetiva à identificação da experiência humana como base do conhecimento.

Devemos lembrar que, juntamente com a tecnologia e os recursos virtuais, a contemporaneidade detém o que Velloso (2008, p. 105) chama de "temporalidades e territorialidades, potencializadas pelo advento das tecnologias da informação e da comunicação", como resposta aos avanços tecnológicos, de modo que surgem novas concepções de tempo e de espaço.

Lévy (1997, p. 20-21) apresenta uma explicação sobre essas concepções de tempo e espaço consoantes ao espaço virtual:

> Uma comunidade virtual pode, por exemplo, organizar-se sobre uma base de afinidade por intermédio de sistemas de comunicação telemáticos. Seus membros estão reunidos pelos mesmos núcleos de interesses, pelos mesmos problemas: a geografia, contingente, não é mais nem um ponto de partida, nem uma coerção. Apesar de "não presente", essa comunidade está repleta de paixões e de projetos, de conflitos e de amizades. Ela vive

sem lugar de referência estável: em toda parte onde se encontrem seus membros móveis... ou em parte alguma. A virtualização reinventa uma cultura nômade, não por uma volta ao paleolítico nem às antigas civilizações de pastores, mas fazendo surgir um meio de interações sociais onde as relações se reconfiguram como um mínimo de inércia.

A filosofia perguntou: Qual é a essência do homem e o que é ele? Quem somos nós? Teóricos da comunicação têm tentado dar uma resposta às interrogações milenares dessa ciência: Nicholas Negroponte, apologista do novo mundo tecnológico, vê um "homem digital"; Joel de Rosnay, pensador interdisciplinar, anuncia o "homem simbiótico"; Léo Scheer, analista da relação entre sociedade e tecnologia define o espaço de fluxo no qual o homem intervém e se refere à "democracia virtual" (Silva, 2007). "A determinação relacional entre as realidades virtual e real consiste atualmente em um dos problemas centrais da filosofia, da filosofia da mídia e da ciência em geral. Para muitos, a realidade virtual cada vez mais toma o lugar da realidade real; e não são poucos os que creem que a realidade virtual já se tornou a realidade única, a força, o poder, a chance e a esperança da ciência, da humanidade e do futuro" (Kolb, 2001, p. 11). A pergunta sobre o ser do mundo e sobre a essência do ser humano foi mal elaborada e não tem resposta adequada. Há possibilidade de digitalizar o mundo e o ser humano (Kolb, 2001).

Com base nesses conceitos, é importante lembrar que, se o homem vive, na contemporaneidade, a era da inteligência conectada, esse fenômeno é muito mais do que uma interconexão de tecnologias, mas uma interconexão de seres humanos pela tecnologia. Cebrián (1998, p. 18) já havia afirmado que esta

> Não é uma era das máquinas inteligentes, mas de seres humanos que, pelas redes, podem combinar sua inteligência, seu conhecimento e sua criatividade para avançar na criação de riqueza e desenvolvimento social. Não é apenas uma era de conexão de computadores, mas de interconexão da inteligência humana.

Assim, considerando os espaços cibernéticos como territórios emergentes, as atitudes e as interrelações que passam a ocorrer nesses espaços revelam um leitor que encontra questionamentos e respostas na rede mundial, pois as informações se dão em tempo real e lhes possibilitam interagir, construindo opiniões e contribuindo com o seu conhecimento (Velloso, 2008).

Essas pontuações se coadunam com os registros de Cebrián (1998), quando, na década de 1990, a liberação da comunicação no mundo incitou uma teoria de que o setor teria conotação de "todos contra todos", indicando a onda de concorrência que poderia invadir o setor das telecomunicações. O contrário, entretanto, foi constatado e então dito que essa nova situação levaria a outra, "na qual o *slogan* predominante seria 'todos ajudando a todos', já que ninguém poderia, daí para a frente, sobreviver solidariamente" (Cebrián, 1998, p. 35).

Lévy (2001, p. 31) reporta essa condição de solidariedade como uma nova concepção trazida pela rede e pela *web*:

> O planeta solidário está sendo construído pela Web e pela sua economia virtual. O crescimento da Web "é" o processo de tomada de consciência – e de realização! – da sua unidade pela humanidade (preciso, para aqueles

que não estão familiarizados com o sentido da palavra "unidade" que ele [sic] *não* significa "ausência de desigualdades"). Esta implosão planetária, que fermentava há vários anos, intervém exatamente a seguir ao final da guerra fria. A humanidade consciente de si própria nasce ao mesmo tempo politicamente (queda do muro de Berlim), intelectualmente (o correio eletrônico, as comunidades virtuais, a Web), economicamente (globalização, ascensão das políticas liberais, virtualização da economia). Obviamente, o processo ainda não terminou, mas está agora em plena marcha. [grifo do original]

Moreira (2005) também compartilha da opinião sobre a sobrevivência solidária, ao discutir o acesso e a posse iniciada pela ciência da informação ainda na década de 1980, quando os aspectos da economia da informação eram muito avaliados, época em que também foi verificado que "a comunicação mediada por computador agrega conceitos de solidariedade e democracia ao impedir a concentração de poder associado com a informação" (Moreira, 2005, p. 56-57). Foi também na década de 1980 que a internet passou a ser vista como canal promotor e facilitador da solidariedade.

Efetivamente, fatores como a combinação do telefone, a transmissão de dados e o uso da informática de forma interativa trouxeram novos métodos e comportamentos que não tiveram registros no passado. Para Ursua (2006), na internet, texto, imagens, som e vídeo se combinam em documentos complexos. Um documento pode ser ligado a outro e essa ligação pode ser compreendida como a essência do hipertexto.

Devemos acrescentar também a percepção de Lévy (1997) no que diz respeito a ação da digitalização sobre o texto, que é agora hipertexto nas redes digitais que o desterritorializaram, fazendo surgir um texto sem fronteiras demarcadas, sem interioridade definível. O texto, posto em movimento, é envolvido em um fluxo, vetorizado e metamórfico. Não há mais página, embora ainda se mantenha o texto e o seu caráter digital o inclua no sistema informacional.

"É como se a digitalização estabelecesse uma espécie de imenso plano semântico, acessível em todo lugar, e que todos pudessem ajudar a produzir, a dobrar inversamente, a retomar, a modificar, a dobrar de novo" (Lévy, 1997, p. 49).

A tela digital é vista como "o espaço de entrada e manipulação em janelas móveis, plásticas, em hipertexto e abertas a múltiplas conexões entre conteúdos e interagentes geograficamente dispersos, em tempos síncrono e assíncrono" (Silva, 2011, p. 2). É por meio dessa interatividade que podem ocorrer as evoluções na relação entre o homem e o seu meio, agora referida como *intercriatividade* (Cebrián, 1998).

Sugerindo que a escola ofereça um sistema de ensino que agregue soluções formativas que incluam os materiais de utilização mais autônoma, o acompanhamento e as atividades colaborativas, Belluzzo e Feres (2011) falam sobre um sistema no qual são potencializadas a abertura e a flexibilidade, visando maior eficácia e economia de esforços. Para eles, "O recurso às tecnologias da informação e da comunicação proporciona uma macrobiblioteca com uma diversidade de assuntos e formatos em junção com um dinamismo e interatividade na seleção e recuperação da informação" (Belluzzo; Feres, 2011, p. 79), em que a flexibilidade de espaço de tempo, e a "democratividade" no acesso e na difusão são essenciais para a sua utilização (Belluzzo; Feres, 2011).

Não sem mérito, o ingresso da internet no mundo permitiu ao indivíduo associar a possibilidade de sair do lugar comum e de se abrir como ser capaz de contribuir com a sua criatividade no compromisso de todos.

2.2 A possibilidade de interpor uma ágora em sala de aula virtual

Mudanças na educação, especificamente quanto à forma de ensinar, exigem a quebra de paradigmas educacionais, uma tarefa que não é simples, mas que faz parte de um processo de mudança cultural, de filosofia educacional coadunada com mudanças também na estrutura e no funcionamento das escolas. Sendo assim, há a necessidade de reformulação das políticas educacionais, direcionando-as aos interesses da comunidade, a fim de que as possibilidades comunicativas e informativas das tecnologias sejam utilizadas no sentido de contribuir para um ensino crítico e transformador de qualidade (Zaidan, 2011).

Esse é o momento vivido pela contemporaneidade: de evolução tecnológica e de revisão de valores coletivos e solidários. Estamos numa época em que a democracia é desejada pelo Estado Democrático de Direito como uma condição de cidadania e de formação da autonomia para o indivíduo, o que requer manter, também, uma visão ampla e em constante alteração sobre o mundo, com multiplicidade de faces.

Nesse olhar, o mundo se apresenta como um sistema interconectado no qual se insere a educação na realidade social e econômica de todos. Confirma-se, assim, a noção de processo e de dinâmica permanente, em que atuam profissionais de diferentes áreas, mas vinculados à educação: pedagogos, psicólogos e educadores trabalham em um novo paradigma educacional que venha atender as necessidades atuais da sociedade, do mercado de trabalho e do indivíduo/cidadão (Dudziak; Belluzzo, 2008).

Com essa informação, é importante saber que "as práticas pedagógicas buscam hoje, mais do que nunca, a transferência do foco de aprendizagem do *docente* para o *aprendiz* e dos *conteúdos* para os *processos* de aprendizado, enfatizando o aprendizado significativo e a formação totalizante do indivíduo: conhecimentos, habilidades e valores" (Dudziak; Belluzzo, 2008, p. 47, grifo do original).

De acordo com Lévy (2001), é tempo de olhar para as raízes que brotaram em um determinado solo, no início de nossas vidas, e evoluir em um planeta no qual outros seres, outras línguas, outros modos de vida e outros valores são constantes. Para o futuro, devemos participar diretamente dessas diferenças "nas metamorfoses das maneiras de ser e de fazer sociedade, que caracterizam a nova fase do devir humano. Pouco ou muito, deveremos tornar-nos artistas das nossas próprias vidas. As nossas raízes deverão transformar-se em rizomas que crescem horizontalmente em todas as direções" (Lévy, 2001, p. 75).

O indivíduo, atualmente, encontra-se diante de escolhas amplas e correntes e precisa escolher estilos de vida aos quais pode se integrar ou não. No entanto, quaisquer que sejam as suas escolhas, o essencial é que encontre uma identidade profunda e universal, diversa daquela que lhe foi proposta pela cultura na qual nasceu ou que lhe foi oferecida pelas tradições.

Lévy (2001) afirma que confrontar o sentido de seu próprio destino com aquele que a humanidade estabelece é uma necessidade da vida. Compreendemos essa recomendação no sentido de que, ao fazer filosofia, o indivíduo acrescenta para si a possibilidade de fortalecer a sua identidade, até mesmo em razão de que consegue analisar as suas raízes e as raízes do mundo em que vive e atua.

Com a utilização da internet na escola, as mudanças alcançam toda a sociedade contemporânea, porque as tecnologias da comunicação e informação ampliam a velocidade do fluxo de informação no mundo. Dos profissionais de todas as áreas são exigidas competências e habilidades no sentido de "buscar, usar, organizar, recuperar e disseminar a informação assim como, manejar os computadores e as diferentes tecnologias que se encontram disponíveis na Internet" (Zaidan, 2011, p. 185).

Dudziak e Belluzzo (2008, p. 47) afirmam que

> Teias de comunicação e informação devem envolver administradores, docentes, bibliotecários, técnicos, funcionários e estudantes, em seus mais variados níveis organizacionais, de forma que se desfaçam os nós que tradicionalmente amarram as instituições e se abram caminhos para a *inovação educacional*. [grifo do original]

O hipertexto é o que fez a *web* se tornar tão importante para os educadores e as educadoras da filosofia. Nesse sentido, o hipertexto está abrindo novas fronteiras para a escrita e para a sua apresentação, o que afeta não somente o contexto, mas também a própria palavra, uma vez que estende usos (Ursua, 2006).

"O hipertexto são vários textos que formam uma rede hierárquica de nós, conectados através de ligações, ou seja, são textos que levam a outros textos que, por sua vez, levam a outros textos e assim por diante. A leitura de um hipertexto não é sequencial como a de um texto comum; pelo contrário, um hipertexto pode ser percorrido de diversas maneiras a critério do leitor. Num hipertexto, o leitor dispõe de mecanismos de navegação, como botões, palavras-chave, etc., que lhe permitem explorar somente as partes que julgar úteis". (Belluzzo; Feres, 2011, p. 56)

A filosofia, portanto, não se aplica de forma contundente na ação de intervir, retomar, mudar... o que está posto? Agir sobre um hipertexto na rede pode ser uma forma filosófica de se expressar. Com relação à produção de *blogs* na escola como alternativa para o ensino da filosofia, Lemgruber e Torres (2010, p. 11-12) afirmam o seguinte:

> A principal forma de expressão nos *blogs* é a postagem de textos escritos curtos. É necessário ressaltar que, quando publica suas ponderações no *blog*, o gerenciador ou comentador transforma-se em autor, preocupa-se em obter a adesão de seu público e busca tomar um cuidado maior com a própria escrita, escolhendo as palavras "certas" para expor seus argumentos. Dessa forma, os interlocutores/autores, ao dominarem seu espaço de escrita argumentativa, se tornam autônomos no processo de pensamento e reflexão, assim como provocam a autonomia de seu auditório, o qual estará livre para aderir ou rebater a tese apresentada. [grifo do original]

Michel Foucault abordou a ontologia do presente e explicou sua ação como uma problematização filosófica que pretende "mostrar em que e como aquele que fala enquanto pensador, enquanto sábio, enquanto filósofo, faz parte, ele mesmo, desse processo e (mais que isso) como ele tem certo papel a desempenhar neste processo, onde ele então se encontrará, ao mesmo tempo, como elemento e ator" (Foucault, citado por Gelamo, 2009a, p. 105).

Essa representação da ontologia do presente indica a modalidade de filosofia que deve ser feita na contemporaneidade, pensando o presente efetivamente mediante o estabelecimento de procedimentos que estão sendo utilizados nesse processo. É um modo de se posicionar diante dos problemas, abordando-os em sua afetação sem perder o foco, como uma atitude filosófica inerente à própria existência, em deixar-se influenciar em pensamento por aquilo que deverá ser pensado e pela metodologia desse pensamento (Gelamo, 2009a).

Perguntas e respostas

A ideia de trazer as problemáticas cotidianas para a sala de aula pode ser uma boa opção para a formação do aluno?

Sim, porque o ser humano vive em constante transformação e o crescimento pessoal, seja em nível individual, seja coletivo, mantém correspondência direta com os questionamentos de si e do mundo.

Gelamo (2009a) entende os conceitos de Nietzsche acerca do valor da filosofia inerente à esfera da vida como um caminho para seu ensino. Além disso, com base nos registros de Foucault (1994) sobre a ontologia do presente, o autor considera o contexto no qual o indivíduo está, com as suas peculiaridades, aquele que se transmuta em questionamento e resposta: "Qual é então esse lugar e esse presente que é preciso problematizar como professor e como filósofo? Parece-nos que esse lugar não pode ser outro que não a sala de aula. Lugar onde o ensino da filosofia se efetua na atualidade" (Gelamo, 2009a, p. 111).

Sendo assim, podemos dizer que este é o momento de pensar o ensino da filosofia fundando-o nas problematizações que o aluno pode realizar, observando o contexto no qual ele vive e atua, no interior da sala de aula. A preocupação de Gelamo (2009a) é de que o professor obtenha uma vontade de resistir às forças que a filosofia maior pode exercer e que construa novos modos de problematização para que esse ensino se dê de modo efetivo.

"A Filosofia de Aristóteles passou pelo misticismo dos neoplatônicos alexandrinos, depois pela Pérsia muçulmana, pela Espanha judaica do século XII, pelas universidades cristãs da Idade Média, fecundou a ciência europeia, de que foi a educadora e o cinzel... Tanto dar e tanto receber: que destino! Mas, o aristotelismo só conheceu esta sorte, para além do seu potencial inicial, porque comentadores, intérpretes, indivíduos apaixonados por esta filosofia lhe dedicaram a sua vida ao longo dos séculos. Esta corrente cruzou tantas civilizações, tantas religiões, tantas outras filosofias, reuniu homens de épocas e culturas profundamente diferentes numa mesma transmissão de sementes fecundas, no mesmo amor pela sabedoria e pelo conhecimento". (Lévy, 2001, p. 77)

Neste momento, faz-se pertinente também trazer à luz os registros de Kant (1999, p. 448) de que o princípio da pedagogia, que deveria estar sempre diante dos olhos daqueles homens que educam, é de que as crianças devem receber uma educação que se diferencie do presente estado da espécie humana, mas que tenha como perspectiva um estado melhor, possível no futuro. Isso consiste em um princípio de relevância, porque os pais educam seus filhos para o mundo atual, não importa o grau de corrupção pelo qual estão cercados; contudo, deveriam imprimir-lhes uma educação seguramente melhor, para que dela possa resultar um estado futuro melhor.

Segundo dispôs Zaidan (2011), diferentes autores já definiram a competência como inerente ao indivíduo, à sua educação, formação e aprendizado, bem como para o seu ingresso no mundo do trabalho e a aquisição da cidadania. Uma análise cronológica aponta, na década de 1970, a competência como significado de autonomia, expressão individual e responsabilidade; na década seguinte, esse conceito estava vinculado ao posto de trabalho e de qualificação para o emprego, quando a significação de competência foi associada à responsabilidade. Dos anos de 1990 até a contemporaneidade, "a competência foi se desvinculando de posto de trabalho e emprego e concentrando-se na capacidade dos sujeitos de gerarem um resultado" (Zaidan, 2011, p. 194).

> "E é forçoso reconhecer que, a par de desaparecimentos e destruições impressionantes, enquanto são engolidas pelo esquecimento (ou adormecem em museus) línguas, profissões, saberes e maneiras de viver, conhecemos hoje um progresso notável da criação cultural, um impulso da sensibilidade e da consciência coletiva paralelo aos desenvolvimentos das comunicações, das tecnologias da inteligência e da criação, um entusiasmo que acompanha o encontro fecundo das tradições culturais do planeta". (Lévy, 2001, p. 74)

Contudo, a nova realidade, que traz a evolução das tecnologias e um ambiente humanista na formação do indivíduo, indica que as práticas devem ser renovadas e a competência deve ser ampliada no âmbito da tecnologia da informação e dos novos conhecimentos que esta permite acessar. A recomendação é de que a educação busque instrumentos modernos e eficazes a fim de "preparar e integrar os sujeitos às inovações tecnológicas como o uso dos sistemas de rede (internet) e os ambientes virtuais de aprendizagem (AVA), para acessar, usar e disseminar a informação e o conhecimento" (Zaidan, 2011, p. 194).

Com a *Web* 2.0[3], surgiram os Ambientes Pessoais de Aprendizagem (*Personal Learning Environment* – PLE), apresentados como a "integração dos espaços formais e informais na aprendizagem"

---

3 O Termo *Web* 2.0 foi cunhado por Tim O' Reilly, da Editora O'Reilly, em 2003. Ainda que não represente nenhuma mudança tecnológica significativa, uma mudança de foco é relatada, iniciada pela percepção de que os *websites* deveriam se integrar, com troca de conteúdo entre si. Com essa iniciativa, surgiram os primeiros *frameworks* de portais, das redes de relacionamento e compartilhamento de informações como resposta a uma mudança comportamental (Melo Junior, 2007).

decorrentes da utilização da diversidade de recursos da *Web* 2.0 na aprendizagem (Miranda et al., 2011, p. 215).

Definidos em suas características,

> Os Ambientes Pessoais de Aprendizagem são um conceito baseado na *Web* 2.0, constituídos por um conjunto de sistemas e ferramentas acessíveis através de um browser, que criam um ambiente no qual os estudantes têm acesso à informação e serviços a partir de uma grande variedade de fontes. A principal característica destes ambientes é serem pessoais, centrados no estudante e flexíveis. (Miranda et al., 2011, p. 215)

Segundo Ursua (2006), criar uma *web* educacional implica produzir um nexo de texto, *links* e conexões. A *web* educacional determina como os estudantes podem receber o material de aprendizagem e experimentá-lo. Perguntas significativas e importantes para esse domínio é como usar os *links* especialmente para a aprendizagem correta e como transformar a educação para um mundo interligado (Ursua, 2006).

Por fim, sobre esse assunto temos ainda as conceituações de Velloso (2008, p. 108):

> O cenário virtual, ou o ciberespaço, passa a se constituir em importante território da esfera social, a ágora eletrônica contemporânea, que possibilita dar visibilidade aos fatos da vida privada, tratar fatos e fenômenos da esfera pública e sobretudo redimensionar a esfera social. Por seu descentramento e atopia, como já referido, enseja diluir as concentrações de poder e ampliar a participação dos atores sociais e a projeção dos diversos segmentos.

É na rede que acontece a possibilidade de milhões de pessoas falarem entre si, em círculos nos quais a composição racial, nacional, social ou cultural poderá sofrer infinitas variações, fato que admite a possibilidade de que "o sistema de ordenação hierárquica de valores de cada sociedade pode ser substituído, em grande parte, pelo caos" (Cebrián, 1998, p. 26).

Segundo Miranda et al. (2011, p. 212), ocorre na rede um processo dinâmico de participação e envolvimento: "A variação na intensidade e nas formas da presença social e cognitiva dos seus membros conduz à sua transformação num sistema flexível e também complexo".

A esses posicionamentos, acrescentamos a afirmação de Lévy (2001, p. 29):

> As redes assemelham-se a estradas e as ruas; os computadores e os programas de navegação são os equivalentes da viatura individual; os *saites web* são lojas, escritórios e casas; os grupos de discussão e as comunidades virtuais são praças, cafés, salões, agrupamentos por afinidades. Os mundos virtuais interativos, mais ou menos lúdicos, serão as novas obras de arte, os cinemas, os teatros e as óperas do século XXI. [grifo nosso]

Com a mediação digital, é realizada a configuração dos meios, das formas e dos contextos de interação na rede. Esse processo dado pela mediação digital vai além das perspectivas tecnológicas, chegando às práticas de mediação social e cognitiva entre os membros que integram a rede. Com a participação do conjunto resultante dessa mediação digital, dos membros em uma narrativa coletiva e na experiência de conhecimento que a comunidade partilha entre si, o conhecimento elaborado no âmbito da rede constitui uma representação coletiva e partilhada pelos membros do grupo (Miranda et al., 2011).

Cinco competências

Utilizando-se da internet, cinco diferentes competências, essenciais à sobrevivência na denominada *era do conhecimento*, estão presentes: aprender a manipular símbolos, aprender a colaborar, aprender a usar a informação, aprender a resolver problemas e aprender a aprender (Belluzzo; Feres, 2011).

Com uma mudança de paradigma na educação, sendo trazido para a contemporaneidade um ensino centrado no aluno, caracteriza-se uma metodologia que se coaduna com a forma de utilização pelos estudantes das redes sociais. Por meio dela, os estudantes criam uma rede de contatos e de partilha de informações e de conhecimentos, que têm foco em seu perfil e são ampliados conforme surgem as necessidades de comunicação e de desenvolvimento social (Miranda et al., 2011).

De acordo com a Organização das Nações Unidas para a Educação, a Ciência e a Cultura (Unesco), o uso de ferramentas eletrônicas na educação tem sido cada vez mais importante. Observam-se mudanças significativas em razão das diferenças no acesso à tecnologia nos diversos países, referente à divisão digital e ao acesso para conexões de alta velocidade, bem como as dificuldades sentidas atualmente em muitas instituições educacionais para manter equipes de alto desempenho.

De acordo com a visão da Unesco (2011), na verdade:

> Os departamentos de Filosofia estão cada vez mais usando a internet e a intranet como recursos para facilitar o estudo de alunos. Essa prática

ainda não se generalizou, mas 18 relatórios recebidos (44%) discutiram positivamente a utilização desses recursos. E em três relatórios recomenda-se que os departamentos dêem mais importância para o desenvolvimento de recursos da internet para o ensino. (Unesco, 2011, p. 109)

Silva (2011) lembra que a tela digital *on-line* é mais do que um meio de transmissão de informação, pois **exige** um interlocutor participativo, colaborativo e autoral. É com a tela digital que as gerações de utilizadores crescem e tomam uma atitude autoral e colaborativa diante dos conteúdos abertos à sua intervenção, as interfaces, afeitas ao seu gesto instaurador para criar e alimentar a sua experiência comunicacional.

Cebrián (1998) já previa que os jovens contemporâneos poderiam criar e colocar em prática uma mentalidade nova para a realização de negócios e de dirigir o processo democrático, caracterizando-se como uma geração que poderá aprender de modo mais dinâmico que outras gerações do passado.

Na percepção desse autor, o jovem participante da comunicação cibernética e virtual tentará proteger o planeta e considerará o racismo, o sexismo e demais fatores inaceitáveis como restos do passado; em suas experiências no ciberespaço pode ser desenvolvida uma nova cultura de trabalho e uma nova sociedade (Cebrián, 1998).

Essa é uma nova possibilidade para que o ensino de filosofia remeta ao uso da internet como canal de comunicação entre os alunos e que se concretize a ideia de uma ágora virtual, conforme pressupõem Lemgruber e Torres (2010, p. 3): "O computador/internet torna-se uma nova praça pública, que, através de seus diversos programas de relacionamentos, constitui-se num lugar comum para o embate de ideias, reflexões e exposição das diferentes opiniões".

No ciberespaço, as redes sociais acabam tendo a mesma função dos sítios pessoais na *web*, com aplicações de mensagens instantâneas, o que o caracteriza como um espaço fácil e acessível para a interação e a troca de opiniões. As redes sociais são potencialidades relevantes na medida em que os participantes se encontram *on-line*, utilizando as ferramentas disponíveis que possibilitam a comunicação. Segundo Miranda et al. (2011, p. 216):

> Das potencialidades atribuídas às redes sociais, pelos vários autores, sobressai como aspecto relevante a ampliação das possibilidades de contatos e de aprofundamento dos laços sociais e de relação entre as pessoas. O sucesso das redes sociais deve-se, em geral, às imensas possibilidades de partilha da informação e de colaboração, representando novas oportunidades em nível pessoal, profissional e educativo.

Entre as sugestões para o ensino da filosofia, a Unesco (2011) recomenda o uso do computador e da internet como ferramentas que podem ajudar na promoção da prática filosófica, bem como a criação de uma revista eletrônica na língua local:

> Em primeiro lugar criar uma revista eletrônica na língua local, na qual seriam publicadas descrições de experiências, relatórios de simpósios, análises, informações práticas, etc. Também seria um lugar apropriado para desenvolver inovações práticas baseadas, entre outras, na diversidade cultural. Então, poderia ser proposto um fórum que serviria de lugar de troca e de discussão. (Unesco, 2011, p. 191)

Cuidados, no entanto, devem ser tomados no seguinte sentido:

> Não se pode esperar muito de tais fóruns, ou porque o debate é regulamentado, o que não é sempre fácil, pois requer muito tempo, correndo o risco

de ser restringido; ou porque o debate não é regulamentado, correndo o risco de ser transformado em um mero intercâmbio de opiniões; ou porque o debate se transforma em refém de uma pessoa ou de um pequeno grupo que monopoliza a discussão, o que desvirtua o espaço e faz perder a sua finalidade original. (Unesco, 2011, p. 191)

Com a adoção de *blogues*, *wikis* e redes sociais, a internet foi transformada no que diz respeito ao aumento das suas potencialidades. Nesse processo, transitou por ela, "em parte, a ênfase da grande quantidade de informação relacionada entre si, e sempre disponível, para a conexão permanente de pessoas" (Miranda et al., 2011, p. 215).

Torres (2009, p. 2-3, grifo do original) determina a importância dos *blogs* para a ágora virtual:

> Mesmo que hoje tenhamos nos distanciado historicamente da cultura grega, é inegável considerar que a capacidade do homem moderno de se relacionar, de dialogar racionalmente e de encontrar o "outro" é um espelho longínquo do pensamento clássico. Destarte, nos propusemos a empregar uma metáfora que "desse conta" de aproximar – em face do surgimento das novas tecnologias, em particular o computador/internet – o sentido antigo da "praça pública", dos diálogos realizados na contemporaneidade, mediados pelos diversos ambientes virtuais: ÁGORA VIRTUAL. [...] Acreditamos no *blog* como ambiente de abertura ao diálogo reflexivo e à defesa de argumentos elaborados por seus participantes, por entendermos ser este espaço um meio pelo qual a mera deliberação das teses é sucumbida diante da pluralidade de culturas, pontos de vista e entendimentos partilhados por seus interlocutores.

Conforme Ursua (2006, p. 218), "hoje, a Web permite aos(às) filósofos(as) expandir os seus conhecimentos e doutrinas e chegar a mais pessoas do que no passado". A autora continua: "o gênio saiu da garrafa e não pode entrar nela e os(as) filósofos(as) têm de fazer uso deste meio tecnológico tão utilizado por todos, mas, sobretudo, pela juventude, para a docência e a investigação da Filosofia, em nível global" (Ursua, 2006, p. 218).

Torres (2011), em seu *blog* Ágora Virtual, publica textos-aulas sobre a filosofia para alunos do primeiro ao terceiro ano do ensino médio. Em sua apresentação, indica: "atualmente trabalho com o computador/internet como um instrumento e recurso a mais para provocar reflexão filosófica, a crítica e o interesse pela argumentação por meio da escrita" (Torres, 2011, p. 1).
ÁGORA VIRTUAL. Disponível em: <http://agoravirtual2.blogspot.com.br>. Acesso em: 13 mar. 2015.

Sobre a criação de *blogues* de filosofia, Lemgruber e Torres (2010, p. 2) fazem as seguintes constatações:

> O que esta prática revelou foi surpreendente: muito mais do que constituir um espaço complementar ao proporcionado pela escola, os *blogs* de filosofia tornaram-se lugares autônomos de discussão que, através do processo de autoria escrita de argumentos e realização de intensos diálogos, permitiram aos alunos a formação e amadurecimento de um olhar crítico e reflexivo, o qual transformou sua relação com a disciplina e, sem dúvida, proporcionou uma mudança substancial no enfrentamento das questões com que se deparavam em sua vida cotidiana.

Essa possibilidade de interagir no mundo cibernético atraiu e possibilitou maior apropriação do aluno, "a qualquer tempo e em qualquer lugar, de um espaço comum de diálogo, crítica, debate e reflexões acerca do cotidiano da vida dos homens e do mundo" (Lemgruber; Torres, 2010, p. 2).

Por meio do *blog*, os alunos podem criar um ambiente de palavras, realizando argumentações complexas, o que confirma que a internet pode ser uma aliada no ensino da filosofia, visto que assim o aluno cria espaços próprios e autônomos de mediação, comunicação, relação e afetividade.

Torres (2009, p. 2) destaca que,

> nas praças públicas (Ágoras), o *diálogo* adquiriu força e foi considerado como a arte da persuasão. Ele não apenas possuía como função exprimir um discurso de cunho filosófico, em que a exposição de ideias está carregada de certezas e conceitos, mas percebia no "outro" uma possibilidade de encontro, permitindo àqueles que dialogavam seduzirem e serem seduzidos pela fala alheia. No diálogo, os participantes não presumiam deter o conhecimento, mas sempre tinham com o que contribuir. A existência dessa linguagem comum fez com que as discussões passassem a ser direito de todos, complexificando as relações interpessoais. [grifo do original]

Sobretudo na contemporaneidade, Torres (2009) explica que, a exemplo da ágora da Grécia Antiga, as novas tecnologias, com os instrumentos de comunicação e de relacionamento surgidos no final do século XX, incluindo o computador/internet e os múltiplos ambientes virtuais, têm sido compreendidas como um expressivo centro de discussões, como resultado de que, com base nessas tecnologias, foi criada uma nova forma de comunicação digital, integrada e hipertextual, híbrida e inter-relacional.

Com a *web*, a tarefa dos filósofos é transformar esse poderoso meio de comunicação em conteúdos positivos e construtivos filosoficamente. Um exemplo disso é o trabalho pioneiro de Ron Barnette. Em 1998, o professor da Valdosta State University buscou desenvolver uma classe de Filosofia virtual na *web* – um modelo original naquela década – visando ao desenvolvimento do ensino nessa área. Esse modelo foi denominado por Barnette de *Santíssima Trindade*: o ensino, a pesquisa e o serviço.

> "Ron Barnette desenvolveu o que ele chama de PHICYBER (Philosophy in Cyberspace). Uma classe virtual: a ágora eletrônica. Um curso totalmente sem papel. Esse curso foi desenvolvido na Valdosta State University, no verão de 1994, e é um dos pioneiros" (Ursua, 2006, p. 220).

No *PhiCyber*, a internet é usada na troca de ideias de forma assíncrona, a fim de discuti-las de uma maneira diversa do modelo padrão, no qual há uma copresença espacial e temporal face a face, que constitui agora uma parte integrante da comunicação e do diálogo interpessoal. Nele, é o indivíduo que escreve o que é para ser lido e discutido entre todos na internet. O sistema fica aberto durante quatro horas por dia, sete dias por semana, durante o semestre. Por ser aberto a todos, o curso foi enriquecido ao longo do tempo por debates filosóficos e multiculturais, nacionais e internacionais.

A comunicação virtual, contudo, é recomendada em países nos quais a possibilidade de publicação de revistas se torna onerosa, pois a internet pode ser um meio mais econômico para a interação filosófica. Apoiar pessoas que se sentem isoladas e carentes de meios de comunicação pode ser uma alternativa viável, admitindo-se que haja colaboração entre dois profissionais, por exemplo, para o desenvolvimento da investigação filosófica à distância, na qual duas pessoas se questionam por um período de tempo. A sugestão da Unesco (2011, p. 191) prevê a organização de um programa de formação pela internet utilizando o princípio da tutoria.

A respeito da força desse diálogo virtual, Torres (2009, p. 3) comenta:

> Nos diversos ambientes virtuais, como *chats*, *MSN*, fóruns de discussões e *blogs*, o diálogo tornou-se significativa expressão de relacionamento, consolidando um novo modo de comunicação. O computador/internet e todo seu arsenal tecnológico ampliaram os horizontes de conhecimento do homem e, consequentemente, de sua linguagem. Assim, argumentar e dialogar por meio do mundo virtual tornaram-se práticas que ultrapassaram os limites de interlocução em face à presença física do outro. [grifo do original]

Outra questão que pode surgir nessa ágora virtual é como o anonimato pode incidir no decurso da discussão filosófica por não haver uma presença real e se constituir em uma comunidade virtual mediada pelo computador. "Como operar o espectador? Não nos recorda isto o mito de Gyges de Platão, que descreve um cenário em que se encontra um anel mágico que o torna invisível e praticamente impossível à sanção? Como tende um a atuar no ciberespaço quando é invisível aos demais?" (Ursua, 2006, p. 221).

Segundo Ursua (2006), Barnette, o criador do *PhiCyber*, afirma que o anonimato implica em maior civilidade e preocupação com os outros. O participante tende a se preocupar sobre como os demais o consideram e, assim, busca ser claramente compreendido e expressar-se de modo claro para com os outros.

Nesse sentido, desenvolvem-se habilidades de comunicação, seguindo a regra de ouro kantiana: "Clique (ou acesse) aos outros como você gostaria que eles clicassem (ou acessassem) a você" (Ursua, 2006, p. 221). Com isso ocorreu o que foi denominado de *virtudes virtuais*.

O blog como ferramenta de diálogo

De acordo com as afirmações de Torres (2009), do mesmo modo em que acontecia a participação de todos nas praças públicas, o *blog*, no mundo contemporâneo, ao lançar e inaugurar outro meio de relação (por meio do contato virtual, no qual não é necessária a presença física, com característica atemporal[4] e também o registro escrito), potencializa o questionamento e o argumento – a exemplo de como ocorreu um dia nas tradições do povo grego.

Certo de que as tecnologias de comunicação e informação trouxeram novas perspectivas ao ensino da filosofia, Torres (2009, p. 8) acredita "nas tecnologias virtuais como possíveis aliadas do homem ao retorno da discussão filosófica, segundo suas raízes gregas". Desse modo, conclui que os ambientes constitutivos da virtualidade podem sofrer comparação com outros lugares de mediação, participação, democracia e inclusão, a exemplo da ágora grega: "neste momento, tornou-se o computador/internet uma nova praça pública, que, através de seus diversos programas de relacionamento, constitui-se num

---

4 Nesse contexto, o termo *atemporal* quer dizer que cada participante pode acessar os diálogos e as discussões no tempo em que considerar pertinente.

lugar dialógico para o embate de ideias, reflexões e para a exposição das diferentes opiniões e argumentações" (Torres, 2009, p. 8).

Esse mesmo autor afirma que a condição de professor e a consciência desse papel profissional exigem um novo momento da educação escolar, uma tecnologia em conjunto com a aprendizagem da filosofia que trará ao aluno e ao professor um instrumento para o diálogo, como um *locus* para o conhecimento científico e artístico, mas, especialmente, como "um ponto de partida para o saber, o encontro e a reflexão filosófica, que formam e transformam o homem" (Torres, 2009, p. 9).

Indicações culturais

Para este capítulo, sugerimos alguns materiais/recursos que podem auxiliar em sua formação em filosofia.

Artigos
PINTO, A. dos S.; SILVA, C. S. da; SILVA, J. G. da. O uso da internet como ferramenta pedagógica para o ensino de Filosofia: uma aplicação com alunos do ensino médio de uma escola estadual. **Revista Itec**, v. IV, n. 4, p. 9-15, jul. 2012. Disponível em: <http://www.facos.edu.br/old/galeria/123112012013347.pdf>. Acesso em: 14 mar. 2015.

Disponível para ler ou baixar gratuitamente no endereço eletrônico.

URSUA, N. L. La filosofía en el ciberespacio o el resurgir del fénix filosófico digital. Un recorrido por el ciberespacio filosófico. **Límite**, v. 1, n. 14, p. 215-237, 2006. Disponível em: <http://www.redalyc.org/pdf/836/83601410.pdf>. Acesso em: 14 mar. 2015.

Disponível para ler ou baixar gratuitamente no endereço eletrônico.

Filmes

MATRIX. Direção: Lana Wachowski; Andy Wachowski. EUA: Warner Bros, 1999. 135 min.

Matrix é um filme do gênero, ação e ficção científica. A linha da filosofia para essa proposta de Filme é a **fundamentação da moral**, segundo Maciel (2011). Esse autor cita a proposta filosófica de Schopenhauer ao buscar o fundamento da motivação moral autêntica, na medida em que sanciona os valores morais como teoricamente viáveis. Para isso, deve ser abandonado o ceticismo moral e uma razão prática. O objetivo de Schopenhauer foi "demonstrar uma grade axiomática com a capacidade de afastar toda e qualquer motivação moral egoísta" (Maciel, 2011, p. 16).

AMISTAD. Direção: Steven Spielberg. EUA: DreamWorks SKG; Home Box Office (HBO), 1997. 162 min.

A linha da filosofia para essa proposta de filme é **ética, direito e política**. Para explicitar os três temas, Botin (2006, p. 61) indica os dois termos iniciais dessa explanação como inseridos em um contexto reflexivo acerca de valores culturais que uma dada sociedade detém, construindo-se de modo contínuo e buscando atingir uma maturidade social e política.

Livro

FOUCAULT, M. **A arqueologia do saber**. 7. ed. 3. reimp. Rio de Janeiro: Forense Universitária, 2008. Disponível em: <http://www.nhu.ufms.br/Bioetica/Textos/Livros/A%20ARQUIOLOGIA%20DO%20SABER%20%20-%20Michel%20Foucault.pdf>. Acesso em: 14 mar. 2015.

Esse livro constitui o eixo das problematizações foucauldianas. A *Arqueologia do saber* é um dos marcos nas obras filosóficas de Michel Foucault, destacando o autor como um dos grandes historiadores da contemporaneidade. Nessa obra, Foucault busca o restabelecimento de bases concretas à investigação científica, trazendo a possibilidade de reativar objetos de análise de reformulações de posturas analíticas.

Disponível para ler ou baixar gratuitamente no endereço eletrônico.

Síntese

Neste capítulo, o tema principal foi a tecnologia em sala de aula, em relação ao ensino da filosofia na contemporaneidade, sendo esta apresentada como uma oportunidade de aprender e de interagir de forma diferenciada. Trouxemos aqui descrições sobre as tecnologias que possibilitam a comunicação virtual e sobre o espaço cibernético e virtual, sua apresentação e conceitos.

Os conceitos de interação virtual já estão presentes e disponíveis, desde o século XX, nos escritos de Lévy, quando a comunicação virtual avançava na interatividade entre os usuários. Mais proximamente, esses recursos demandam que o usuário participe como autor de uma conversação, um diálogo e esclarecimento de si e do mundo no qual atua, quando da inserção das criações de textos, avatares, histórias individuais e coletivas, trazendo o autor para o centro das discussões.

Ao trazer a possibilidade de interligar o ensino da filosofia com a oportunidade de ações virtuais no sentido de promover o pensar do aluno, verificamos que a proposição de uma ágora virtual se coaduna com os objetivos de ordem global de formação e de reflexão filosófica.

Destacamos, e tivemos a pretensão de salientar neste capítulo, que essas modalidades comunicacionais, nas quais se insere a educação, serão cada dia mais presentes, dinâmicas e coletivas, o que exige do usuário/aluno/participante que considere isso tudo em suas reflexões, pontos de vista e interações globais.

Atividades de autoavaliação

1. Classifique as afirmativas a seguir como verdadeiras (V) ou falsas (F):

    ( ) O cenário virtual, ou o ciberespaço, passa a se constituir em importante território da esfera social, a ágora eletrônica contemporânea.

    ( ) As redes assemelham-se a estradas e ruas; os computadores e os programas de navegação são os *links*.

    ( ) Os departamentos de Filosofia estão cada vez mais usando a internet e a intranet como recursos para publicação de livros virtuais.

    ( ) O aluno cria espaços próprios e autônomos de mediação, comunicação, relação e afetividade.

    Assinale a alternativa que corresponde à sequência correta:

    a) V, F, F, V.
    b) V, F, V, V.
    c) V, V, F, F.
    d) F, F, V, V.

2. Em razão de sua natureza abstrata e conceitual, a filosofia pode ser ensinada:

    a) em sala de aula ou na praça pública.
    b) somente em ambiente urbano.
    c) nas universidades corporativas.
    d) em um país desenvolvido ou em desenvolvimento.

3. A filosofia na vida pública, conforme Cuadrado (2011), diz respeito a ações bem específicas que deverão ser realizadas pelo indivíduo. Assinale a alternativa **incorreta** em relação a essas ações:
   a) Participação ativa na vida pública.
   b) Promoção e manutenção de tolerância.
   c) Favorecimento ao diálogo e ao respeito pelo próximo.
   d) Participação em questões de conflitos.

4. Lévy (2001) defende que o indivíduo deve formar a sua própria identidade. Sobre as culturas identitárias, assinale a alternativa **incorreta**:
   a) As culturas identitárias não são impasses.
   b) As culturas identitárias nos dividem.
   c) As culturas identitárias tornam a alteridade, a diferença e a mudança ameaçadoras.
   d) As culturas identitárias opõem-nos.

5. Assinale a alternativa que **não** se relaciona com a internet:
   a) A utilização da internet implica na presença de cinco diferentes competências, essenciais à sobrevivência na era do conhecimento.
   b) O computador/internet torna-se uma nova praça pública.
   c) Um espaço para a interação e a troca de opiniões.
   d) Espaço e tempo perdem sensivelmente seu significado, especialmente o espaço.

Atividades de aprendizagem

Questões para reflexão

1. Silva (2007) refere-se ao uso da internet e das redes sociais como uma possibilidade de que exista uma democracia virtual. Descreva sua opinião sobre esse espaço virtual e se ele comporta o contexto democrático que pode existir na realidade cotidiana dos indivíduos. O texto deve ser produzido de 7 a 10 linhas.

2. Considerando a conclusão de Aranha e Martins (1993, p. 129): "Se fizermos um paralelo entre Sócrates e a própria filosofia, chegaremos à conclusão de que o lugar da filosofia é na praça pública", procure dissertar sobre esse registro por parte da autora, realizando uma leitura e interpretação sobre Sócrates e informando o que caracterizou a praça pública daquela época. O texto deve ser escrito de 100 a 300 palavras.

Atividade aplicada: prática

1. Leia o artigo "O anel de Giges: virtude e visibilidade", de Juliano Fellini (2009), e faça uma análise do texto relacionando-o com o estado de violência cada vez maior vivido pela população brasileira. Reflita sobre como a educação pode atuar para que o contexto da virtude, da moral e do bem na natureza humana se sobressaia.

FELLINI, J. O anel de Giges: virtude e visibilidade. **Revista Espaço Acadêmico**, n. 96, maio 2009. Disponível em: <http://www.espacoacademico.com.br/096/96fellini.pdf>. Acesso em: 14 mar. 2015.

III

Chamada ao filósofo contemporâneo:
o aluno como cidadão

Neste último capítulo da obra focaremos o sujeito de maior importância no ensino de filosofia em sala de aula: o aluno. Nesse sentido, a abordagem que propomos entende o aluno como cidadão, considerando que as mudanças no contexto da educação para todos no Brasil determinam que os estudantes dos ensinos fundamental e médio tenham aulas de filosofia.

Dentre os assuntos que analisaremos está a apresentação do contemporâneo como elemento constante nos objetivos desta obra, razão por que abordaremos a filosofia contemporânea da forma como é vista e relatada pela literatura: como uma possibilidade de fazer filosofia.

Também registraremos conteúdos das políticas públicas educacionais quando se trata do ensino da filosofia na escola, descrevendo o sentido da formação nessa ciência para o aluno/cidadão, finalizando com informações referentes ao desenvolvimento de competências no ensino da filosofia.

3.1 Breve relato sobre o contemporâneo

O termo *filosofia contemporânea* já foi objeto de estudo de Agamben (2009), em seu questionamento sobre o que é o contemporâneo. O autor recebeu a influência de Nietzsche, que em 1874 escreveu sobre as considerações intempestivas associadas à contemporaneidade.

Gelamo (2009a) atribui ao pensamento de dois filósofos, Kant e Hegel, a influência marcante do pensamento filosófico contemporâneo e o ensino da filosofia no contexto da contemporaneidade.

Assim, para descrever e interpretar o que é o contemporâneo, apresentaremos as indicações desses dois autores (Agamben, 2009; Gelamo, 2009a), acompanhadas das concepções de outros autores que se utilizam dos escritos de Nietzsche, especialmente quanto à crítica que o filósofo faz aos demais no que diz respeito à indiferença em relação ao seu tempo e aos problemas que o afetam, enfatizando a ausência de uma problematização do presente.

Destacamos a descrição dessa crítica de Nietzsche por considerar que esse filósofo via na contemporaneidade a oportunidade de acertar as contas com o seu tempo. Nietzsche interpretou como um mal, inconveniente, algo do qual o presente se orgulha: a cultura histórica. "Nietzsche situa a sua exigência de 'atualidade', a sua 'contemporaneidade' em relação ao presente, numa desconexão e numa dissociação" (Agamben, 2009, p. 58).

Gelamo (2009a, p. 108) considera como relevante o seguinte trecho dessa crítica de Nietzsche (2001, p. 36):

O *sancta simplicitas*! Em que mundo mais estranhamente simplificado e falsificado vive a humanidade! É infinito o assombro diante de tal prodígio. Quão claro, livre, fácil e simples conseguimos tornar tudo quanto nos rodeia! Quão brilhantemente soubemos deixar que nossos sentidos caminhassem pela superfície e conspirar em nosso pensamento um desejo de piruetas caprichosas e de falsos raciocínios!

Essa percepção de Nietzsche (2001) é interpretada como uma exigência da atualidade, pois, segundo o filósofo, "Pertence verdadeiramente ao seu tempo, é verdadeiramente contemporâneo, aquele que não coincide perfeitamente com este, nem está adequado às suas pretensões e é, portanto, nesse sentido, inatural" (Agamben, 2009, p. 58).

Já Gelamo (2009a) enfatiza a noção de Nietzsche sobre o problema no presente que se inter-relaciona com o presente atual, de todos nós, quando é aceita a simplificação das verdades, as falsas conclusões enunciadas e assimiladas sem contestação, a fim de que tudo seja compreendido de forma clara, livre, leve e simples.

Segundo Gelamo (2009a, p. 109):

Para Nietzsche, o homem moderno encontra-se em estado de completa letargia diante de si mesmo e do mundo, porque nada encontra que sirva para justificar a sua existência. Ele encontra o ponto de ancoragem de si e do mundo numa figura de verdade que se constitui a partir de uma forma de pensamento moralizante.

A explicação para essa visão é de que, ao preferir e adotar determinados modelos existenciais, o homem condiciona-se ao que tais modelos propõem como movimento da vida, integrando-se a esses modelos e abstraindo-se dos problemas cotidianos que lhe acometem.

Após registrar as percepções de Nietzsche sobre o presente e a problematização gerada em relação a este, destacamos o conceito de *contemporaneidade* de acordo com Agamben (2009, p. 59): "A contemporaneidade, portanto, é uma singular relação com o próprio tempo, que adere a este e, ao mesmo tempo, dele toma distâncias; mais precisamente, essa é a relação com o tempo que a este adere através de uma dissociação e um anacronismo".

O alerta quanto ao comportamento do homem, como contemporâneo, faz parte das proposições desse autor, que olha para o tempo no qual se encontra e não vê nele nenhuma problemática ou questionamento, de modo que não lhe sobram argumentos para pensar as condições do momento (Agamben, 2009).

Agamben (2009) ainda assinala que o inverso, a possibilidade de pensar, é mais fácil para aquele que não se fixa no seu tempo, mas consegue questioná-lo, encontrar nele desconexão, conflitos e diferenças.

No mesmo sentido, o autor define o contemporâneo:

> Contemporâneo é aquele que mantém fixo o olhar no seu tempo, para nele perceber não as luzes, mas o escuro. Todos os tempos são, para quem deles experimenta contemporaneidade, obscuros. Contemporâneo é, justamente, aquele que sabe ver essa obscuridade, que é capaz de escrever mergulhando a pena nas trevas do presente. Mas o que significa "ver as trevas", "perceber o escuro"? (Agamben, 2009, p. 63)

Sendo assim, o contemporâneo é aquele que consegue entrever nas luzes do século a parte sombreada, a obscuridade que ele contém. A forma para conseguir perceber as trevas não é senão aquela que admite a interpelação; é receber, por meio da percepção, o facho de trevas que advêm do seu tempo:

Perceber no escuro do presente essa luz que procura nos alcançar e não pode fazê-lo, isso significa ser contemporâneo. Por isso os contemporâneos são raros. E por isso ser contemporâneo é, antes de tudo, uma questão de coragem: porque significa ser capaz não apenas de manter fixo o olhar no escuro da época, mas também de perceber nesse escuro uma luz que, dirigida para nós, distancia-se infinitamente de nós. (Agamben, 2009, p. 65)

Assim, se o homem – ou o filósofo – pode perceber que não há somente a luz, mas que a trevas também se encontram ali, significa que a teoria do filósofo não é formada por um saber abstrato, uma vez que "o próprio tecido do seu pensar é a trama dos acontecimentos, é o cotidiano. Por isso a Filosofia se encontra no seio mesmo da história" (Aranha; Martins, 1993, p. 130).

O ato de filosofar contém um desafio

Ao filosofar, o filósofo enfrenta um paradoxo, latente no mundo e fora dele, que o direciona a um caminho que tem início na formulação de problemas da existência, sendo necessário afastar-se deles para compreendê-los; em seu retorno, terá como fornecer subsídios para as mudanças. É em momentos de parada no cotidiano da vida que o homem comum revê o significado de seus atos e pensamentos e é levado a refletir sobre eles (Aranha; Martins, 1993).

Questionando se o contemporâneo, aquilo vivido pelo homem no tempo presente, é moderno; se é a modernidade, em sua plena extensão, contemporânea; se o fato de ser moderna torna uma coisa contemporânea; e, por fim, se o contemporâneo pode ser antigo, Coelho (2005) aponta as concepções de Karl Marx, quando afirma:

"assim como os povos antigos viveram sua pré-história em imaginação, na *mitologia*, também nós, alemães, vivemos nossa pós-história em pensamento, na filosofia. Somos contemporâneos **filosóficos** do presente, sem sermos seus contemporâneos **históricos**" (Coelho, 2005, p. 37, grifo do original).

3.1.1 A filosofia contemporânea

No momento em que pretendemos trazer para a sala de aula um enfoque contemporâneo sobre a filosofia, é preciso lembrar que a história dessa ciência, ao longo do tempo, deve ser apresentada aos alunos de forma que mostre as associações de diversos conceitos filosóficos que foram formulados/criados pelos filósofos do passado e que se encontram ainda presentes em razão de suas obras serem absorvidas por todos os que fazem filosofia na contemporaneidade.

Nesse sentido, Cantista (2006, p. 13) afirma:

> A filosofia emerge da história, aparece nela como uma articulação do passado com possibilidades ulteriores. Para o filósofo, ocupar-se dos grandes (seria um grave erro desprezar a tradição que, se é verdadeira tradição filosófica, é sedimentação viva) não significa estabelecer uma dependência relativamente às suas obras; significa sim, coincidir com o mesmo tema. É a pessoa quem descobre o tema da filosofia, e, só por isso, em rigorosa comunidade, entra em contacto com os filósofos que foram.

Também os fundamentos filosóficos devem ser conhecidos pelos alunos que serão inseridos no ensino da filosofia, como uma forma de investir no interesse pela investigação e na realização de pesquisas que identifiquem os diferentes posicionamentos filosóficos e as evoluções/

transições que vêm ocorrendo com o surgimento de novos filósofos, novos contextos, novas problemáticas e, consequentemente, novos conceitos, adaptados ao real vivido.

Buscando uma definição para a filosofia contemporânea, as Diretrizes Curriculares da Educação Básica – Filosofia, do Estado do Paraná, destaca o seguinte trecho: "A filosofia contemporânea é resultado da preocupação com o homem, principalmente no tocante à sua historicidade, sociabilidade, secularização da consciência, o que se constata pelas inúmeras correntes de pensamento que vêm constituindo esse período" (Paraná, 2008, p. 41-42).

Por isso, são muito pertinentes as recomendações de Cantista (2006, p. 10) para aquelas instituições de ensino que pretendem trazer para a sala de aula a filosofia contemporânea, devendo-se preservar alguns aspectos essenciais e relevantes: "não deverá iludir, nem a elaboração temática, a detecção do nuclear (das noções matriciais da filosofia, trans-históricas), nem a sua contextualização numa determinada época, no presente caso, a contemporânea".

Isso porque não será possível trazer o estudo da filosofia na contemporaneidade sem considerar a transcendência que é o próprio contemporâneo, de forma que:

> O que se designa por *filosofia contemporânea*, muito embora se prenda diretamente com o universo de discurso da nossa época, transcende-o inexoravelmente. Com efeito, o tema da *filosofia contemporânea* é o tema da filosofia, em repetição insistente de si, interminável. Por isso mesmo, toda e qualquer demarcação histórica, tomada num sentido demasiadamente restritivo, e desinserida do universo inatual inerente ao filosofar, seria ilegítima, porque não filosófica. (Cantista, 2006, p. 10, grifo do original)

Ensinar filosofia na contemporaneidade é um desafio se consideradas as ações pregressas das políticas públicas educacionais nacionais. Cabe, no entanto, dispor a preleção feita por Foucault (2010), referenciando Kant e a sua divisão sobre o modo de fazer filosofia na modernidade. O interesse desse filósofo sobre o assunto é relatado na interpretação sobre o termo trazido por Kant em um de seus textos publicados: *esclarecimento*. Quando perguntado a Kant o que é o esclarecimento, segundo Foucault (2010), a resposta obtida permite visualizar a filosofia:

> se tornar a superfície de emergência de sua própria atualidade discursiva, atualidade que ela interroga como um acontecimento do qual ela tem de dizer o sentido, o valor, a singularidade filosóficos, e no qual ela tem de encontrar ao mesmo tempo sua própria razão de ser e o fundamento do que ela diz. E, com isso, vê-se que a prática filosófica, ou antes, que o filósofo, ao fazer seu discurso filosófico, não pode evitar colocar a questão do seu pertencimento a esse presente. Quer dizer que já não será simplesmente, ou já não será de modo algum, a questão do seu pertencimento a uma doutrina ou a uma tradição que vai se colocar a ele, já não será tampouco a questão do seu pertencimento a uma comunidade humana em geral, mas será a questão do seu pertencimento a um presente, vamos dizer, do seu pertencimento a um certo "nós", a um "nós" que se refere, de acordo com uma extensão mais ou menos ampla, a um conjunto cultural característico da sua própria atualidade. É esse "nós" que deve se tornar, para o filósofo, ou que está se tornando para o filósofo, o objeto da sua reflexão. (Foucault, 2010, p. 13-14)

Assim, Foucault (2010) visualizou na obra de Kant sobre o esclarecimento a filosofia da atualidade, contemporânea.

Na análise da obra de Kant, em um primeiro momento, Foucault (2010) relaciona a obra das três críticas, selecionando a primeira crítica e apontando em quais condições um conhecimento verdadeiro é possível. O filósofo afirma que "toda uma seção da filosofia moderna, desde o século XIX, se apresentou, se desenvolveu como a analítica da verdade" (Foucault, 2010, p. 20).

Na outra parte da divisão do ensino da filosofia na contemporaneidade, Foucault (2010, p. 21), ainda se referindo a Kant, relata:

> No interior da filosofia moderna e contemporânea, outro tipo de questão, outro modo de interrogação categórica: a que vemos nascer justamente na questão da *Aujkliirung*[1] ou no texto sobre a Revolução. Essa outra tradição crítica não coloca a questão das condições em que um conhecimento verdadeiro é possível, é uma tradição que coloca a questão de: o que é a atualidade? Qual é o campo atual das nossas experiências? Qual é o campo atual das experiências possíveis? Não se trata, nesse caso, de uma analítica da verdade. Tratar-se-ia do que poderíamos chamar de uma ontologia do presente, uma ontologia da atualidade, uma ontologia da modernidade, uma ontologia de nós mesmos.

Trata-se da ontologia do presente, sobre a qual falamos no Capítulo 2, quando Foucault traz os conceitos kantianos para a prática dessa ontologia, inicialmente apontada como crítica, mas que em seu papel verifica a tomada de consciência do conhecimento, compreendendo-o como um espaço que comporta seres em movimento, com perspectivas de mudar o comportamento e suplantar limitações. Em resumo, é a ontologia da atualidade, do fazer filosofia.

Abordando o subjetivismo na filosofia contemporânea, da afirmação "logo existo", esse subjetivismo não somente chegou às áreas do racionalismo e do humanismo, mas levou em conta o processo

---

[1] Esclarecimento.

de hesitação, o processo de pensamento e um subjetivismo extremo. Afirmava-se no homem a presença da dúvida, de estar pensando – em uma expressão, *estar sendo*. A existência foi fundamentada em processos psicológicos e, por isso, de um completo subjetivismo (Mendoza, 2013).

Posteriormente, esse subjetivismo haveria de criar os maiores exageros quando afirmado como base do conhecimento e da ontologia. Com a filosofia contemporânea, foram buscados novos caminhos às situações estabelecidas por Descartes. Ao humanismo, o isolamento do homem diante de Deus e da natureza trata de encontrar um fundamento novo, no núcleo mais recôndito do homem ou na visão intuitiva de um Ser supremo.

O racionalismo se opõe a novas fontes, não somente quanto à vida em sua totalidade, mas a um simples conhecimento. A emoção, o mesmo que a intuição, e os poderes vitais mais sublimes se exaltam em distintas direções contemporâneas. Por fim, o subjetivismo ao qual se opõe francamente o objetivismo, não somente como objeto do mundo físico e do mundo psíquico, mas também do mundo eidético: "Não somente se resolve em uma objetividade o que nesta data havíamos encontrado como característico da experiência sensível, o da introspecção, como também é defendida por uma experiência essencial, por constatação de um mundo de essências" (Mendoza, 2013, p. 167).

3.2 As determinações das políticas públicas educacionais para o ensino da filosofia na escola

Esta subseção traz informações sobre as políticas públicas educacionais brasileiras que determinam o ensino da filosofia em sala de aula. Como assunto inicial, apresentamos o sentido que o ensino filosófico detém para a formação.

3.2.1 O sentido do ensino filosófico na formação do cidadão

Desde a década de 1990, com realização de encontros, jornadas e eventos diversos sobre o ensino da filosofia, percebemos um movimento na direção de um compromisso maior por parte das instituições nacionais e internacionais na consideração do fazer filosofia como uma forma de cidadania.

Com a Jornada Internacional realizada pela Organização das Nações Unidas para a Educação, a Ciência e a Cultura (Unesco), no ano de 1995, sobre *Filosofia e Democracia no Mundo*, foram consideradas a relação existente entre esses dois elementos no contexto mundial contemporâneo e a extensão do ensino da filosofia nos países membros, quanto aos métodos adotados e demais particularidades desse tema (Mance, 1998).

As razões para essa discussão em nível global foram justificadas pelo então diretor geral da entidade, Federico Mayor, que questionou o papel a ser desempenhado pela filosofia ante a "situação atual de mudanças e de desafios colocados para toda a humanidade", porque, segundo ele, a contribuição da filosofia é essencial para a compreensão do presente e para a construção das sociedades futuras (Mance, 1998, p. 1).

Dentre as razões para o ensino da filosofia, o primeiro motivo, exposto por Mayor (1995), confirma a intenção pessoal de buscar desenvolver na Unesco atividades no domínio filosófico:

> Primeira razão: no imenso patrimônio filosófico mundial, existe uma multiplicidade de instrumentos intelectuais que podem permitir compreender melhor as mudanças que se desenrolam sob nossos olhos. Elas não cessam de exigir aos filósofos, passados ou presentes, que forneçam respostas à altura. Mas, para isto, é indispensável o voltar-se a esta extraordinária reserva de ideias e de conceitos que oferecem as doutrinas filosóficas. Aí se encontram os instrumentos para elaborar as novas análises que a época atual reclama. Não esqueçamos, com efeito, que em todas as culturas a reflexão interdisciplinar encontra seus hábitos mais antigos e mais sólidos entre os filósofos. Para eles, a necessidade de superar o isolamento entre os conhecimentos, de comparar os marcos teóricos, de abrir ao máximo o campo da reflexão não é uma exigência recente. É o horizonte natural de suas viagens espirituais. Neste sentido a filosofia é uma escola de liberdade. Ela incita o pensamento a despertar-se sempre. Contra a rotina intelectual, seu remédio consiste em criar conceitos. "Ouse ter novas ideias! Tenha ideias que ninguém nunca teve!", eis aí o principal impulso dado pela filosofia. (Mayor, 1995, p. 4)

Quanto ao motivo seguinte, assim expôs Mayor (1995, p. 4):

> O segundo motivo que me convence da importância da filosofia para a construção de nosso porvir é, sem dúvida, mais decisivo ainda. Eu quero falar da educação. Um ensino de Filosofia amplamente difundido, sob uma forma acessível e pertinente, contribui de maneira essencial para a formação de homens livres. Exercita, com efeito, a julgar por si mesmos,

a confrontar argumentações diversas, a respeitar a palavra dos outros, a submeter-se somente à autoridade da razão. Deste modo é, mais ainda, incontestavelmente uma escola de liberdade. Esta aprendizagem prática dos direitos fundamentais conduz igualmente a uma descoberta do universal. Ela desenvolve, com efeito, as capacidades de reflexão e alarga o campo do pensamento para a compreensão de pontos de vista inabituais. Ela permite discernir, para além das diferentes respostas, o quanto as questões fundamentais da vida aproximam os seres humanos, que elas não os separam.

É importante destacar que esse discurso de Mayor (1995) fez parte dos escritos de filósofos do mundo inteiro, que resultaram na composição de um documento pela Unesco (1995): a *Declaração de Paris para a Filosofia*, a qual registra o destaque conferido à filosofia no tratamento dos problemas da existência humana, contribuindo para o exercício da crítica conceitual e também motivando o exercício da responsabilidade coletiva pelo bem comum.

Assim, os propósitos da *Declaração de Paris para a Filosofia* afirmam:

> Constatamos que os problemas de que trata a filosofia são os da vida e os da existência dos homens considerados universalmente. Estimamos que a reflexão filosófica pode e deve contribuir para a compreensão e conduta dos afazeres humanos. Consideramos que a atividade filosófica, que não subtrai nenhuma ideia à livre discussão, que se esforça em precisar as definições exatas das noções utilizadas em verificar a validade dos raciocínios, em examinar com atenção os argumentos dos outros, permite a cada um aprender a pensar por si mesmo. Sublinhamos que o ensino de filosofia favorece a abertura do espírito, a responsabilidade cívica, a compreensão e a tolerância entre os indivíduos e entre os grupos. Reafirmamos que a educação filosófica, formando espíritos livres e reflexivos – capazes de resistir às diversas formas de propaganda, de fanatismo, de exclusão e de intolerância – contribui para a paz e prepara cada um a assumir suas

responsabilidades face às grandes interrogações contemporâneas, notadamente no domínio da ética. Julgamos que o desenvolvimento da reflexão filosófica, no ensino e na vida cultural, contribui de maneira importante para a formação de cidadãos, no exercício de sua capacidade de julgamento, elemento fundamental de toda democracia. (Unesco, 1995, p. 13-14)

Em publicação da Unesco de 2007, Matsuura (2011, p. 9) questiona: "Que pode ser o ensino da filosofia senão o da liberdade e da razão crítica?". Por certo, a filosofia implica diretamente no exercício da liberdade como resultado da reflexão. Com isso, o indivíduo consegue não somente julgar com base na razão, isentando-se de expressar meras opiniões, entendendo o significado e os princípios do conhecimento e agindo no sentido de desenvolver o pensamento crítico. O fazer filosofia é um exercício que exige tempo de olhar para si mesmo, para outras linguagens e para outras culturas, um longo tempo no qual a instrução deve ser clara, bem como devem ser colocados em perspectiva rigorosa conceitos e ideias (Unesco, 2011).

Distante da intenção de defender algum método de orientação da filosofia, a não ser aquele da cultura da paz,

> O enredo deste estudo se apoia em um postulado essencial: a UNESCO não se destina a defender qualquer método ou orientação filosófica, a não ser aquele da cultura da paz. A iniciativa deste estudo, decidida pelos Estados membros e pela Secretaria da UNESCO, se inscreve em uma motivação permanente: a promoção da filosofia e o fomento ao seu ensino, como evidencia a Estratégia Intersetorial de Filosofia da UNESCO. (Sané, 2011, p. 11)

A Estratégia Intersetorial de Filosofia da Unesco (2011) comporta três eixos principais:

1. A filosofia ante os problemas do mundo: diálogo, análise e questionamentos sobre a sociedade contemporânea.
2. O ensino da filosofia no mundo: incentivo à reflexão crítica e do pensamento independente.
3. A promoção da investigação do pensamento filosófico.

A Figura 3.1 mostra um modelo pedagógico para o ensino da filosofia apresentado pela Unesco (2011), o qual julgamos pertinente registrar nesta obra, pois pode ser seguido como um recurso pedagógico ao ensino da filosofia na escola nacional.

Figura 3.1 – Modelo de ensino da filosofia

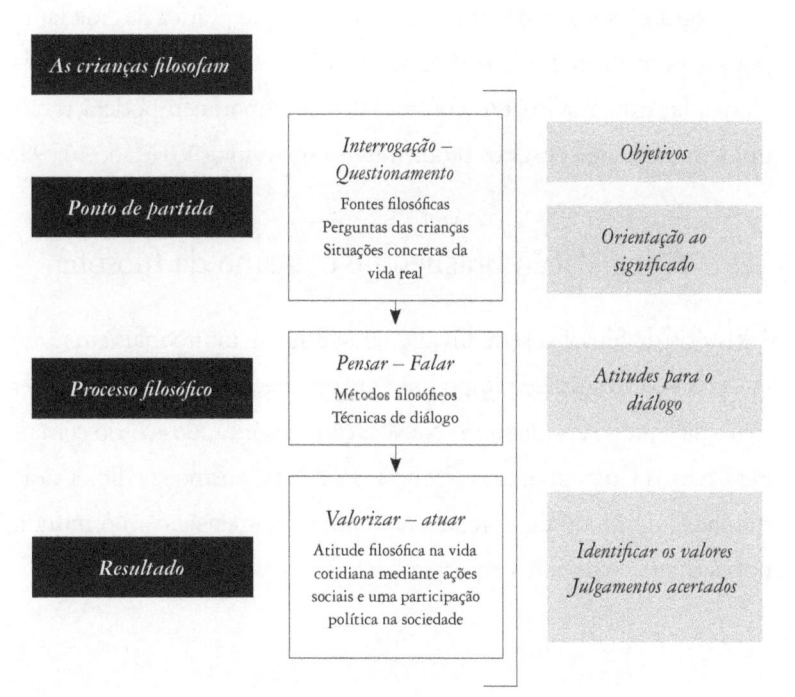

As crianças filosofam		
Ponto de partida	*Interrogação – Questionamento* Fontes filosóficas Perguntas das crianças Situações concretas da vida real	*Objetivos* *Orientação ao significado*
Processo filosófico	*Pensar – Falar* Métodos filosóficos Técnicas de diálogo	*Atitudes para o diálogo*
Resultado	*Valorizar – atuar* Atitude filosófica na vida cotidiana mediante ações sociais e uma participação política na sociedade	*Identificar os valores* *Julgamentos acertados*

Fonte: Elaborado com base em Unesco, 2011, p. 31.

Essa proposta da Unesco (2011) justifica todo o esforço que as diversas nações vêm fazendo para trazer o ensino da filosofia sob o formato de promoção do indivíduo para a formação da cidadania. Justificamos essa afirmação com base no texto conclusivo da obra da Unesco (2011, p. 241):

> A filosofia, e em particular seu ensino, deve ser uma terra de acolhimento à diversidade e ao próximo. O que importa, de fato, acúmulo de diplomas universitários se não há capacidade de ouvir e de enriquecimento pelo diálogo filosófico com outros? Que imporá a perícia intelectual se não se sabe compartilhar e dar? O que importa a autoqualificação de "filósofo" se o egoísmo importa mais do que o amor da exposição das teses e seu eventual questionamento?

Se a filosofia pode ser compreendida como prática de cidadania, porque permite pensar a realidade histórica para que a liberdade seja efetivada, um movimento conceitual contemporâneo poderá trazer um jeito novo de pensar os problemas e a sua resolução (Mance, 1998).

3.2.2 A legislação brasileira e o ensino da filosofia

A história da filosofia, sem dúvida, caracteriza-se muito mais em razão da problematização do tempo presente que na resolução de quaisquer situações que se apresentem. Na vocação filosófica, de acordo com os Parâmetros Curriculares Nacionais (PCN) do ensino médio, a cada mudança no modo de se relacionar com os homens e com o mundo, novos questionamentos e perplexidades são criados (Brasil, 2002).

Para que o ensino da filosofia na escola seja realizado em atendimento aos dispositivos legais que assim determinam[2], alguns conceitos são situados como marco para essa ação do Estado, denominados *conceitos estruturadores*. A explicitação para a designação de conceitos estruturadores para cada disciplina pretende ir além dos tópicos disciplinares ou de competências gerais ou habilidades, implementando sugestões de síntese das intenções formativas. Ao se apresentarem dessa forma,

> Esses conceitos estruturadores do ensino disciplinar e de seu aprendizado não mais se restringem, de fato, ao que tradicionalmente se considera responsabilidade de uma única disciplina, pois incorporam metas educacionais comuns às várias disciplinas da área e às das demais áreas, o que implica modificações em procedimentos e métodos, que já sinalizam na direção de uma nova atitude da escola e do professor. (Brasil, 2002, p. 13-14)

Dentre os conceitos estruturadores da filosofia, são apontados diversos artigos da Lei de Diretrizes e Bases da Educação Nacional (LDBEN) – Lei n. 9.394, de 20 de dezembro de 1996 (Brasil, 1996):

» Art. 2: Especifica que a educação tem por finalidade o pleno desenvolvimento do educando, seu preparo para o exercício da cidadania e sua qualificação para o trabalho.
» Art. 27: Trata dos conteúdos curriculares da educação básica, estabelecendo como diretrizes: difusão de valores fundamentais ao interesse social, aos direitos e deveres dos cidadãos,

---

[2] Lei n. 9.394/1996 (Brasil, 1996); Parecer CNE/CED n. 38, de 7 de julho de 2006 (Brasil, 2006a); Lei n. 11.684, de 2 de junho de 2008 (Brasil, 2008).

de respeito ao bem comum e à ordem democrática, bem como à orientação para o trabalho.

» Artigo 35: Estabelece como finalidades do ensino médio a preparação básica para o trabalho e a cidadania do educando, o aprimoramento como pessoa humana, incluindo a formação ética e o desenvolvimento da autonomia intelectual e do pensamento crítico, e a compreensão dos fundamentos científicos e tecnológicos dos processos produtivos, relacionando a teoria com a prática no ensino de cada disciplina.

» Art. 36: Sobre o currículo do ensino médio, dispõe no parágrafo 1º, inciso III, que:

> § 1º. Os conteúdos, as metodologias e as formas de avaliação serão organizados de tal forma que ao final do ensino médio o educando demonstre: [...]
> III – o domínio dos conhecimentos de Filosofia e de Sociologia necessários ao exercício da cidadania. (Brasil, 1996, p. 14)

Alguns elementos podem ser apontados no sentido de auxiliar na contextualização dos conhecimentos filosóficos no ensino médio e têm como base o parágrafo 1º, inciso III, do art. 36 da LDBEN, no formato de questões: "(a) que conhecimentos são necessários? (b) que filosofia? e (c) de que aspectos deve-se recobrir a concepção de cidadania assumida como norte educativo? É preciso, primeiro, tentar aproximar-se de (b), examinar (c) e, só então, chegar à discussão de (a)" (Brasil, 2000, p. 46, grifo do original).

Para o ensino da filosofia, o estabelecimento sobre o que deve ser ministrado ao aluno e quais competências ele deverá desenvolver no ensino médio tem sido descrito como uma tarefa que compreende um enfrentamento diferente daquele comumente decidido para qualquer outra disciplina, em razão das características que são próprias ao filosofar (Brasil, 2002).

Considerando o que foi dito, é importante citar o posicionamento apresentado pelo documento que dá as orientações curriculares do ensino médio:

> O tratamento disciplinar da Filosofia no Ensino Médio é condição elementar e prévia para que ela possa intervir com sucesso também em projetos transversais e, nesse nível de ensino, juntamente com as outras disciplinas, possa contribuir para o pleno desenvolvimento do educando, tanto em seu preparo para o exercício da cidadania como em sua qualificação para o trabalho, como reza a LDB. Sendo assim, a necessidade da Filosofia no Ensino Médio é evidente, devendo ser doravante contemplada pelo requisito de obrigatoriedade, com a concomitante e contínua atenção dos responsáveis pelo ensino às condições materiais e acadêmicas, de modo que a disciplina, com profissionais formados em Filosofia, seja ministrada de maneira competente, enriquecedora e mesmo prazerosa. (Brasil, 2006b, p. 15)

Essas decisões legais trouxeram uma preocupação por parte de professores de Filosofia a respeito dos conteúdos e das metodologias que buscam refletir sobre a relação entre os textos filosóficos e a experiência filosófica no ensino médio – ou seja, os professores e os filósofos passaram a assumir a responsabilidade de pensar a prática docente nos vários níveis (Paraná, 2008).

Os objetivos para a formação do educando são formulados pelo Ministério da Educação (MEC), conforme o art. 35 da LDBEN:

Art. 35 [...]
II – a preparação básica para o trabalho é a cidadania do educando, para continuar aprendendo, de modo a ser capaz de se **adaptar com flexibilidade a novas condições de ocupação ou aperfeiçoamento posteriores**. (Brasil, 1996, p. 14, grifo nosso)

A ênfase nessa adaptação, na verdade, é mais em relação ao domínio de um conteúdo do que ao acesso de diversos conhecimentos de forma significativa. Isso caracteriza uma educação centrada no fornecimento de instrumentos e na apresentação de perspectivas. Ao aluno compete se posicionar e correlacionar o que aprende como uma utilidade para a vida, pela possibilidade de desenvolver habilidades a determinadas tarefas.

> A filosofia cumpre, afinal, um papel formador, uma vez que articula noções de modo bem mais duradouro que outros saberes, mais suscetíveis de serem afetados pela volatilidade das informações. Por conseguinte, ela não pode ser um conjunto sem sentido de opiniões, um sem-número de sistemas desconexos a serem guardados na cabeça do aluno que acabe por desencorajá-lo de ter ideias próprias. Os conhecimentos de filosofia devem ser para ele vivos e adquiridos como apoio para a vida, pois do contrário dificilmente teriam sentido para um jovem nessa fase de formação. (Brasil, 2006b, p. 28)

Segundo dados da Unesco (2011), algumas iniciativas no Brasil com relação ao ensino da filosofia são significativas:

» o Centro Brasileiro de Filosofia para Crianças, criado em 1989, em São Paulo, já formou milhares de professores, seguindo o programa Matthew Lipman[3], previamente à realização de experimentos em todo o país;

» em Florianópolis (SC), o Centro de Filosofia Educação para o Pensar aplica um curso semelhante ao método de Lipman e também desenvolve materiais próprios;

» algumas universidades brasileiras lançaram importantes projetos de formação de professores e de extensão da filosofia para crianças, como a Universidade de Brasília (UnB), na qual se desenvolve o projeto Filosofia na Escola, com a participação de professores e alunos em escolas públicas;

» experiências semelhantes são conduzidas em outras universidades, como a Pontifícia Universidade Católica do Rio Grande do Sul (PUC-RS), a Universidade do Estado do Rio de Janeiro (UERJ), a Universidade Federal de Juiz de Fora (UFJF) e a Universidade Federal de Fortaleza (UFC);

» em algumas secretarias municipais de educação, como a de Uberlândia (MG), Cariacica (ES), Salvador (BA) e Ilhéus (BA), as autoridades lançaram projetos destinados a introduzir a filosofia em escolas primárias;

---

3 Matthew Lipman lançou a hipótese de que as crianças são capazes de pensar por si mesmas, se implementado um método adequado. Abriu um novo caminho, mencionando Epicuro, Montaigne e Jaspers, mas pouco explorado no mundo. Desenvolveu progressivamente um método autêntico, baseado na pedagogia, como os métodos ativos sobre psicologia e desenvolvimento infantil, e na filosofia, como as problemáticas ocidentais. O método compreende um material didático, testado e constantemente reformulado para professores. Lipman escreveu sete histórias tendo crianças como personagens, envolvidas em situações problemáticas que as obrigam ao exercício de suas habilidades cognitivas e comportamento racional e civilizado; o modelo acaba sendo imitado pelos alunos.

> no campo das escolas públicas e privadas, mais de 10.000 professores e 100.000 crianças participam ou já participaram de experiências diversas na área de filosofia para crianças.

Para o MEC, "Há, com certeza, uma contribuição decisiva da Filosofia para o alcance dessas finalidades: ela nasceu com a declarada intenção de buscar o Verdadeiro, o Belo, o Bom" (Brasil, 2000, p. 45).

Ainda que seja verificada uma transformação histórica no âmbito da competência explicativa da filosofia, provavelmente, por conta de sua evidente fertilidade na geração de novos saberes, não passa despercebido que o pensamento filosófico resiste precisamente porque mantém o seu motivo de origem. Da origem da filosofia, portanto, advêm as informações que precederam as novas versões da filosofia na contemporaneidade:

> A história da filosofia e as ideias dos filósofos que nos precederam constituem, assim, uma fonte inesgotável de inspiração e devem alimentar constantemente as discussões realizadas pelo professor e pelos estudantes em sala de aula. Os problemas, as ideias, os conceitos e os conteúdos estruturantes devem ser desenvolvidos, portanto, de tal forma que os diversos períodos da história da filosofia e as diversas maneiras através das quais eles discutem as questões filosóficas sejam levados em consideração. (Paraná, 2008, p. 40)

Ao entender os conhecimentos filosóficos que lhe são apresentados em sala de aula, o aluno pode atingir o estágio da disciplina receptiva, quando adquire a descentralização necessária para abandonar temporariamente seu próprio ponto de vista e acompanhar a argumentação do autor e o ponto de vista deste.

Em seguida, é possível que o aluno passe a conquistar um estilo pessoal e individual de reflexão e de pensamento, incluindo, entre outras coisas, o reconhecimento de suas capacidades, potencialidades e dificuldades, abrindo-se para as diferenças discursivas e habilitando-se ao aprendizado mediante argumentos morais. "Tudo isto aponta para a direção da autonomia na condução de si mesmo e para a emancipação de todas as repressões inúteis, a que todo ser humano tem direito" (Brasil, 2000, p. 58).

Kohan (2010, p. 203) concorda com a afirmação de Adorno (1995) de que "a exigência de emancipação parece ser evidente numa democracia", mas questiona de que democracia se trata e de que forma é compreendida a emancipação, inclusive em relação a ser colocada como uma exigência e de quem a exige, registrando, por fim, a indagação sobre o papel do ensino de filosofia relativo à emancipação.

Adorno (1995) relata a importância da emancipação de modo a compreendermos as questões complexas que colocam a filosofia e o seu ensino como meios para condução à emancipação na sociedade democrática, como é o caso da obrigatoriedade do ensino de filosofia nas escolas nacionais, desde a Lei n. 11.684, de 2 de junho de 2008, em seu art. 1º:

> Art. 1º O art. 36 da Lei n. 9.394, de 20 de dezembro de 1996, passa a vigorar com as seguintes alterações: Art. 36. [...]
> IV – serão incluídas a Filosofia e a Sociologia como disciplinas obrigatórias em todas as séries do ensino médio. (Brasil, 2008, p. 1)

De fato, o atendimento às determinações legais das políticas públicas educacionais mostra o nascimento de uma relação ampla e significativa entre o aprendizado da filosofia na escola e a formação cidadã, do indivíduo emancipado, ou seja, dotado de autonomia e de identidade.

Nesse espaço de discussão cabem as orientações dadas por Mayor (1995), ao recomendar que, ainda que a relação entre a filosofia e a democracia seja paralela, não deve ser a primeira considerada como uma das faces da segunda, razão por que ele afirma: "se existe uma proximidade fundamental entre a liberdade de pensamento e de palavra da filosofia, de uma parte, e a igualdade e o pluralismo característicos da democracia, de outra parte, não se pode deduzir que toda filosofia é necessariamente democrática" (Mayor, 1995, p. 5).

De fato, ao fazer filosofia na ordem de suas fases, com questionamentos individuais, reconhecimento de fraquezas, criticando-se a si própria, a ciência apresenta maior proximidade com a democracia, admitindo que uma possível similaridade entre as duas seja a motivação para a crítica relacionada ao respeito à dignidade da pessoa humana, momento em que cada indivíduo venha a exercer a sua capacidade de julgamento, de escolha de si, da política de seu país e do modo de organização política e social, de forma a ser efetivamente e verdadeiramente o que é: um ser livre (Mance, 1998).

É nisso também que apostamos em relação ao ensino da filosofia na educação básica, pois acreditamos que o aluno deve ser orientado pela capacidade de criticar o mundo e os valores na medida em que possam ser considerados na avaliação do melhor respeito à dignidade e à igualdade.

Sané (2011), sobre as orientações dadas pela Unesco em suas conferências e reuniões com os Estados membros, assevera que quatro facetas do ensino da filosofia podem ser mencionados para que todos os níveis da educação formal e informal sejam abrangidos. São elas:

1. A filosofia e as mentes dos jovens.
2. A filosofia e a idade dos questionamentos – o ensino no nível secundário.
3. A filosofia no campo universitário.
4. Outras formas de encontrar a Filosofia: sua prática na *polis*.

Tais resultados têm como perspectiva anunciar outras atividades que a Estratégia Intersetorial de Filosofia da Unesco (2011) elaborou como contribuição às políticas de ensino da filosofia em níveis secundário e superior, abrangendo o ensino em diferentes tradições filosóficas, assim como a filosofia comparativa, a formação de mecanismos de avaliação e a elaboração de manuais e programas de intercâmbio; a consolidação das cátedras Unesco de filosofia; o apoio às olimpíadas internacionais de filosofia; a difusão de trabalhos de investigação e as sessões de Diálogo Filosófico Inter-regional da Unesco (Sané, 2011).

Destacamos que, diferentemente de considerar o ensino médio como uma etapa de preparação ao curso superior, a ênfase atual da educação nacional é torná-la uma etapa conclusiva. A filosofia, porque comporta características específicas, tem condições de contribuir efetivamente com o processo de aprimoramento do educando "como pessoa e na sua formação cidadã. Ou seja, enquanto os temas de ética e cidadania bordejam as demais disciplinas como reflexão transversal, no ensino da filosofia esses temas podem constituir os eixos principais do conteúdo programático" (Brasil, 2002, p. 44).

Essa afirmação está registrada pelas peculiaridades inatas a essa ciência, sendo muito importante a sua aplicação aqui nesta obra, posto que faz parte de publicações do MEC:

Pela sua especificidade, a Filosofia: abre o espaço por excelência para tematizar e explicitar os conceitos que permeiam todas as outras disciplinas, e o faz de *forma radical*, ou seja, buscando suas raízes ou fundamentos e pressupostos; discute os *fins últimos* da razão humana e os fins a que se orientam todas as formas de ação humanas, e sob esse aspecto, levanta a questão dos valores; examina os problemas sob a perspectiva *de conjunto* – enquanto as ciências particulares abordam 'recortes' da realidade – o que permite à Filosofia elaborar uma *visão globalizante, interdisciplinar e mesmo transdisciplinar* (metadisciplinar); não trata de um objeto específico, como nas ciências, porque nada escapa ao seu interesse, ocupando-se de *tudo*. (Brasil, 2002, p. 44, grifo do original)

Três dimensões da cidadania

Nos *PCN + Ensino Médio*, do MEC, a questão da cidadania é pontuada considerando três dimensões distintas: **estética**, **ética** e **política**. Descrevendo-as sob o ponto de vista estético, a cidadania se instala na medida em que o sujeito adquire a capacidade de acesso à própria natureza interna, às necessidades e aos pontos cegos que apresenta. Nesse processo, pode ocorrer o despertar da sensibilidade pela cidadania, quando o indivíduo adquire a capacidade de conhecer-se a si mesmo, tendo a possibilidade de refletir criticamente no sentido apontado e de elaborar comportamentos sintomáticos e/ou afetos reprimidos e, com isso, obter a capacidade de abertura para a diversidade, a novidade e a invenção. Tudo isso direciona a um fazer criativo e lúdico, resultando em um dos aspectos fundamentais nos quais a cidadania se exercita: a **sensibilidade** (Brasil, 2000).

Perguntas e respostas

O exercício da cidadania resulta da sensibilidade como um de seus aspectos fundamentais. Mas o que significa o princípio da sensibilidade?

Para responder essa pergunta, registramos um pequeno trecho da explicação elaborada pelo MEC, por meio do Parecer n. 15, de 1º de junho de 1998, em razão da importância desse enfoque por parte das políticas públicas educacionais da educação básica:

> A Estética da Sensibilidade
> Como expressão do tempo contemporâneo, a estética da sensibilidade vem substituir a da repetição e padronização hegemônica na era das revoluções industriais. Ela estimula a **criatividade, o espírito inventivo, a curiosidade pelo inusitado,** a afetividade, para facilitar a constituição de identidades capazes de **suportar a inquietação, conviver com o incerto, o imprevisível e o diferente.**
> Diferentemente da estética estruturada, própria de um tempo em que os fatores físicos e mecânicos são determinantes do modo de produzir e conviver, a estética da sensibilidade valoriza **a leveza, a delicadeza e a sutileza.** Estas, por estimularem a compreensão não apenas do explicitado, mas também, e principalmente, do insinuado, são mais contemporâneas de uma era em que a informação caminha pelo vácuo, de um tempo no qual o conhecimento concentrado no microcircuito do computador vai se impondo sobre o valor das matérias-primas e da força física, presentes nas estruturas mecânicas.
> (Brasil, 1998, p. 21, grifo do original)

A estética da sensibilidade, como fundamentos estéticos, políticos e éticos do novo ensino médio brasileiro, tem como objetivo educar pessoas que saibam transformar o uso do tempo livre em um exercício produtivo, um exercício de liberdade responsável. Com a prática da estética da sensibilidade, o cidadão brasileiro reconhece e valoriza a diversidade cultural brasileira. Essa prática pedagógica do ensino da filosofia terá coerência nos valores estéticos, políticos e éticos constantes na Constituição Federal (CF) brasileira, de 5 de outubro de 1988 (Brasil, 1988), e na LDBEN (Lei n. 9.394/1996), organizados sob três consignas: sensibilidade, igualdade e identidade (Brasil, 1998).

Se observada quanto à ética, "a cidadania deve ser entendida como consciência e atitude de respeito universal e liberdade na tomada de posição" (Brasil, 2000, p. 49), que encaminhe o indivíduo para a construção de uma **identidade autônoma**. Isso é obtido diante da possibilidade de agir de modo adequado, bem como da capacidade de reconhecer o outro em sua identidade própria, admitindo a solidariedade "como forma privilegiada da convivência humana" (Brasil, 2000, p. 49).

Ainda no que diz respeito à ética, a democracia permite ao indivíduo perceber a liberdade na formulação de temáticas, na realização de críticas às normas vigentes e na oportunidade/possibilidade de agir como contrapartida àquelas que foram acordadas. Além disso, confere ao homem o poder de decisão sobre a própria vida, tomando como base o exercício de uma cidadania orientada por princípios universais igualitários (Brasil, 2000).

No contexto político, assim registra os PCN:

> A cidadania só pode ser entendida plenamente na medida em que possa ser traduzida em reconhecimento dos direitos humanos, prática da igualdade de acesso aos bens naturais e culturais, atitude tolerante e protagonismo na luta pela sociedade democrática. Sem a consciência de direitos e deveres individuais e coletivos, sem a sede de uma justiça que distribua de modo equânime o que foi produzido socialmente, sem a tolerância a respeito de opiniões e estilos de vida "não convencionais" e, sobretudo, sem o engajamento concreto na busca por uma sociedade democrática, não é possível de nenhum modo que se imagine o exercício pleno da cidadania. É o aspecto que poderíamos chamar de participação democrática. (Brasil, 2000, p. 49)

As Diretrizes Curriculares da Educação Básica – Filosofia, do Estado do Paraná, destacam que "a Filosofia é filha da *ágora* e sua origem a vincula à política. Uma Filosofia sem compromissos com a humanidade e distante da política, seria por si só uma contradição insuperável" (Paraná, 2008, p. 48, grifo do original).

Esse vínculo com a política torna-se cada dia mais importante, porque a filosofia promove o desenvolvimento de suas próprias potencialidades de caracterização, quais sejam: a capacidade de questionar e de criticar; as qualidades de sistematização e de fundamentação; o rigor conceitual; o combate ao dogmatismo e ao autoritarismo; a capacidade de trazer questões de discussão que possam ser repensadas, imaginadas e para a construção de conceitos. E mais: a filosofia é tradicional na "defesa radical da emancipação humana, do pensamento e da ação, livres de qualquer forma de dominação" (Paraná, 2008, p. 48).

No contexto da virtualidade e do ensino em tempos midiatizados, que tipo de democracia pode existir? Nesse mesmo sentido,

Santos (2007, p. 3) complementa: "E existindo, sob que pátina ela se nos apresenta? Sob que disfarces, que função e a serviço de quem essa possível democracia se faz existir?".

A argumentação desse autor é de que:

> Na sociedade analógica, do espetáculo, a informação se realiza, até certo ponto, de modo unidirecional, homogeneizado e passivo. Por outro lado, a cibercultura se perfaz como produto da digitalização dos medias, das mensagens multimodais e bidirecionais. Nessa modalidade de comunicação os conceitos clássicos do sistema comunicacional [...] o receptor é também um emissor potencial. (Santos, 2007, p. 9)

Na visão de Santos (2007), a revolução digital não reduziu o fluxo dos grandes aglomerados urbanos; ao contrário, possibilitou a criação de diferentes formas de sociabilidade e de atuação política via cibercidades e democracia eletrônica.

A realidade mostra que não ocorreu, como resposta tecnológica, a descentralização dos centros urbanos, mas a acentuação das atividades econômicas e a intensificação dos usos das tecnologias eletrônicas e digitais, assim como na ágora virtual.

Repetindo o que dispõe Kohan (2010), também questionamos: Será um bom caminho ensinar filosofia na educação básica? Essa determinação é relevante para a filosofia? Que posicionamento é preciso ter diante dessa proposta?

"Embora a prática da Filosofia para crianças ainda esteja no começo, permite vislumbrar como soluções de problemas fornecidos pela educação estão enraizados naquilo que se caracteriza fundamentalmente ao ser humano: a capacidade de construir-se" (Unesco, 2011, p. 3).

Com relação ao ensino da filosofia e a perspectiva de emancipação do aluno, extraímos o seguinte trecho da obra de Adorno (1995, p. 142-143):

> De um certo modo, emancipação significa o mesmo que conscientização, racionalidade. Mas a realidade sempre é simultaneamente uma comprovação da realidade, e esta envolve continuamente um movimento de adaptação. A educação seria impotente e ideológica se ignorasse o objetivo de adaptação e não preparasse os homens para se orientarem no mundo. Porém ela seria igualmente questionável se ficasse nisto, produzindo nada além de *well adjusted people*, pessoas bem ajustadas, em consequência do que a situação existente se impõe precisamente no que tem de pior. Nestes termos, desde o início existe no conceito de educação para a consciência e para a racionalidade uma ambiguidade. Talvez não seja possível superá-la no existente, mas certamente não podemos nos desviar dela. [grifo do original]

Se a emancipação tem se tornado condição *sine qua non* para a democracia de uma nação, torna-se interessante o contexto na qual a situa Adorno (1995), que entende que essa emancipação ainda precisa ser elaborada por todos, em todos os planos da vida de cada um, mas destacando que a emancipação concreta se efetiva quando as pessoas que por ela buscam têm como diretrizes uma educação para a contradição e para a resistência.

Explicitando essas considerações de Adorno (1995), Kohan (2010) lembra que esse filósofo manifestava naquela ocasião o seu entendimento acerca das relações entre educação e política, direcionado ao pensamento sobre a forma pela qual a educação pode contribuir para a formação de uma democracia real, reportando-se ao nazismo da sociedade alemã.

Com esse entendimento, Adorno (1995) se refere a Kant e ao apelo por uma *educação emancipadora*, termo que Kant reconhece como *esclarecimento*, associando-o a outras palavras: *minoridade* e *tutela*. O esclarecimento é explicado por Kant (1783, p. 1) da seguinte forma: "Significa a saída do homem de sua minoridade, pela qual ele próprio é responsável. A minoridade é a incapacidade de se servir de seu próprio entendimento sem a tutela de um outro".

Adorno e Horkheimer (1985) explicitam essa definição de Kant como sendo o entendimento dirigido pela razão, de modo que é por meio de sua própria coerência que o homem junta em um sistema os diversos conhecimentos isolados, pois o único objeto da razão é o entendimento e sua aplicação funcional.

Em sua obra *Dialética do esclarecimento*, Adorno e Horkheimer (1985, p. 5) afirmam que "o esclarecimento tem perseguido sempre o objetivo de livrar os homens do medo e de investi-los na posição de senhores". Em outra acepção, esclarecimento é conhecimento e, é claro, a sua aquisição, sentido em que Kant (1999, p. 447) destaca a importância da educação:

> A educação, portanto, é o maior e o mais árduo problema que pode ser proposto aos homens. De fato, os conhecimentos dependem da educação e esta, por sua vez, depende daqueles. Por isso, a educação não poderia dar um passo à frente a não ser pouco a pouco, e somente pode surgir um

conceito da **arte de educar** na medida em que cada geração transmite suas experiências e seus conhecimentos à geração seguinte [...]. Deve a educação do indivíduo imitar a cultura que a humanidade em geral recebe das gerações anteriores? [grifo nosso]

Aranha e Martins (1993, p. 109) abordam o conhecimento como "o pensamento que resulta da relação que se estabelece entre o sujeito que conhece e o objeto a ser conhecido".

Para essas autoras, concomitantemente à explicitação do conhecimento como o ato de conhecer uma relação presente no contexto da consciência e do mundo conhecido, também alcança a expressão do produto quanto ao resultado desse ato, que implica no acervo que o homem possui de conhecimento adquirido de mundo (Aranha; Martins, 1993). O que vem ao desencontro do conhecimento, no entanto, tem conotação filosófica em sua descrição:

> Se de início o homem precisa de crenças e opiniões prontas (nas formas de mito ou do senso comum), a fim de apaziguar a aflição diante do caos e adquirir segurança para agir, em outro momento é preciso que ele seja capaz de "reintroduzir o caos", criticando as verdades sedimentadas, abrindo fissuras e fendas no "já conhecido", de modo a alcançar novas interpretações da realidade. Todo conhecimento dado tende a esclerosar-se no hábito, nos clichês, no preconceito, na ideologia, na rigidez das "escolas". Esse conhecimento precisa ser revitalizado pela construção de novas teorias (no caso da Filosofia e da ciência) e pelo despertar de novas sensibilidades (no caso da arte). (Aranha; Martins, 1993, p. 59)

A aquisição desse despertar se dá, eminentemente, pela oportunidade em olhar o presente e em criar questionamentos, eliminando a possibilidade de que se minimize a atividade da razão na construção de conceitos; trata-se de mudar a ação humana cotidianamente, saindo de uma visão afeita ao mundo do presente e permitindo que a razão esclareça essa ação e submeta o homem a viver em pensamento, antecipadamente, o quadro que pretende compreender e modificar (Aranha; Martins, 1993).

A arte pedagógica em Kant

> "O homem é a única criatura que deve (*muss*) ser educada. Assim começam as reflexões sobre a educação de Kant. É uma abertura em grande estilo, pois se trata de uma definição metafísica do homem. Com efeito, na obra de Kant, *müssen*, na língua alemã, indica quase sempre a necessidade lógica, filosófica, metafísica, enquanto *sollen* indica sempre a obrigação moral. Essa definição metafísica não é científica: ela não pretende explicar o que é o homem. Trata-se de uma definição humana do homem, pois encerra aquilo que, para Kant, constitui todo o interesse da razão: a união do interesse prático com o interesse especulativo da razão. Ademais, uma definição humana não é dada para que se possa reconhecer o homem, mas para que se possa realizar". (Perine, 2004, p. 41)

Gelamo (2009a) apresenta a obra kantiana como sendo a máxima do ensino da filosofia, considerando que esta pode ser enunciada do interior do pensamento a fim de que o indivíduo possa aprender a pensar corretamente. O autor considera que esse ensino permite ao indivíduo o cultivo de seu espírito, do pensamento e da capacidade reflexiva para pensar autonomamente. Essas ações seriam, portanto, resultado do uso da razão e possibilitariam ter uma vida autônoma e livre.

Para Gelamo (2009a), Kant previa uma formação cultural do homem fundamentada em sua preparação crítica, tendo como meta a aprendizagem do uso da razão, o que lhe possibilita a **humanização** e a **culturalização**, atribuindo à filosofia o papel de vetor, uma vez que ela forma o homem "moral e culturalmente, promovendo-o do seu estado natural de *menoridade* em direção à maioridade, ou seja, um estado de liberdade" (Gelamo, 2009a, p. 52, grifo do original).

Mais proximamente, são pertinentes as argumentações de Aranha e Martins (1993, p. 131) sobre a necessidade de todo homem em filosofar:

> Enquanto o homem comum faz sua filosofia de vida, o filósofo propriamente dito é um especialista. Mas o especialista filósofo é diferente dos outros especialistas (como o físico ou o matemático). Por exemplo, quando observamos o estudioso de trigonometria, podemos bem pensar que grande parte dos homens não precisa se ocupar com esse assunto. No entanto, o mesmo não acontece com o objeto de estudo do filósofo, cujo interesse se estende a qualquer homem.

A justificativa para essa afirmação provém da percepção de que as questões filosóficas se encontram intrinsecamente vinculadas ao cotidiano de todos os homens. Por exemplo, concomitantemente à investigação dos fundamentos da pedagogia pelo filósofo da educação, concorre a preocupação do homem comum na escolha de critérios pertinentes às decisões que terá de tomar quanto à educação de seus filhos. Outros aspectos inerentes a questões filosóficas de cunho domiciliar são aventadas como filosofias de vida, que competem ao homem desenvolver: residir em casa ou em apartamento; deixar um emprego bem pago por um outro que lhe é mais atraente; optar por um colégio fraco, mas que permita passear ou um bom colégio para apropriar-se das oportunidades e condições do mundo da cultura e das possibilidades de autoconhecimento, dentre outros (Aranha; Martins, 1993).

No ensino e na aprendizagem da filosofia, três ordens de saberes se inter-relacionam, sobre as quais propõe Gallo (2008, p. 59):

> Há três ordens de saberes que mergulham e recortam o caos, produzindo significações: a filosofia, que cria conceitos; a arte, que cria afetos, sensações; a ciência, que cria conhecimentos. Cada uma é irredutível às outras e elas não podem ser confundidas, mas há um diálogo de complementaridade, uma interação transversal entre elas. Cada uma delas, à sua maneira, é um esforço de luta contra o caos de nossas ideias, um esforço de se conseguir um mínimo de ordem. Cada uma delas é uma reação contra a **opinião**, que nos promete o impossível: vencer o caos. [grifo do original]

Isso porque a educação, vista e compreendida como um campo de saberes, também é visualizada como um espaço para comportar opiniões. Ela é atravessada, segundo Gallo (2008), por uma multiplicidade de disciplinas – como a Filosofia, as diversas ciências e a arte – e ainda assim objetiva dotar-se de uma identidade única, a fim de tornar-se científico, conforme dispõe o mito moderno do positivismo. Por se encontrar rodeada de metodólogos, sociólogos, filósofos, psicólogos, historiadores, cientistas políticos e especialistas em educação, além de não sair do caos, a educação mais se enreda nele.

Se questionarmos, contudo, qual é a contribuição específica da filosofia em relação ao exercício da cidadania para a etapa da formação do aluno do ensino médio, a resposta a essa questão traria como relevante o papel peculiar da filosofia no desenvolvimento da competência geral de fala, leitura e escrita. À filosofia compete a capacidade de análise, de reconstrução racional e de crítica; isso se dá com base na tomada de posições em relação a qualquer tipo de texto proposto e em emitir opiniões acerca deles, como pressuposto fundamental ao exercício da cidadania (Brasil, 2006b).

> "Não de se pode aprender a filosofia; somente se pode aprender a filosofar" (Kant, citado por Triches et al., 2009, p. 133).

Kant (1992) ensina que aquele que não pode filosofar também não pode se chamar *filósofo*, uma vez que filosofar se aprende pelo exercício e uso da razão:

> Como é que se poderia, a rigor, aprender a Filosofia? Todo pensador filosófico constroi, por assim dizer, sua obra própria sobre os destroços de uma obra alheia; mas jamais se erigiu uma que tenha sido estável em todas as suas partes. Não se pode aprender Filosofia já pela simples razão que *ela ainda não está dada*. E mesmo na suposição de que *realmente existisse uma*, ninguém que a aprendesse poderia se dizer filósofo; pois o conhecimento que teria dele seria sempre um conhecimento tão-somente *histórico-subjetivo*. (Kant, 1992, p. 42-43, grifo do original)

A proposição de Gallo (2008) é de que o professor deve se colocar a serviço do que denomina *boa filosofia*, mediante a busca de uma nova filosofia da educação, devendo ser esse professor filósofo um criador de conceitos. Para isso, deverá estar muito à vontade no território da educação, permitindo-se resgatar o filósofo criador, "que cria conceitos e que instaura um plano de imanência que corte o campo de saberes educacionais. Uma filosofia da educação, nesta perspectiva, seria resultado de uma dupla instauração, de um duplo corte: o rasgo no caos operado pela filosofia e o rasgo no caos operado pela educação" (Gallo, 2008, p. 63).

O amparo ao professor filósofo é sinalizado por Gelamo (2009b, p. 15), que em sua proposta expôs uma problemática: "o que faz o filósofo quando uma de suas tarefas no contexto presente é ser professor de Filosofia?".

Explica esse amparo referido como aquele concedido pelo regime da verdade, presente no ensino da filosofia. Trata-se de um regime discursivo contemplando o desempenho singular de papéis diferenciados do professor e do aluno: "De um lado está o professor, detentor do saber Filosofia, que procura inscrever, por meio da disciplinarização do saber, aquele que precisa ser inscrito no mesmo regime discursivo de que é devedor: a filosofia" (Gelamo, 2009b, p. 130).

Por ser assim, o ensino da filosofia tem como lastro o denominado *regime de verdade*, base de sustentação do discurso do professor e que lhe possibilita, como mediador, fazer com que o aluno tenha acesso e adentre ao discurso-Filosofia, visando "modelar o pensamento do aluno para que ele abandone a maneira corriqueira (senso comum) de pensar e alcance modos superiores de pensamento que encontrá na tradição filosófica seu amparo" (Gelamo, 2009a, p. 130).

> Perguntas e respostas
>
> De que modo o professor, como mediador para o ensino e a aprendizagem da filosofia, poderá convencer o aluno a abandonar o senso comum?
>
> Há de se prever que a filosofia, pela sua própria magnitude e importância, ao ser inserida na vida real e cotidiana do aluno, não permitirá que este retome velhos e ultrapassados conceitos postos e pacificados pelo não conhecimento. Assim, acreditamos que um convencimento para o abandono do senso comum reside, basicamente, na demonstração do real cotidiano e da riqueza que ele comporta, bem como sobre a forma pela qual o aluno pode atuar sobre ele, filosoficamente

O pensamento filosófico do aluno, por sua vez, em sua construção, pode ser exemplificado no texto como ontologia do presente, quando elabora a possibilidade de fazer filosofia na contemporaneidade, segundo o que propôs Foucault (2010, p. 262):

> E, se vocês retomarem algumas das grandes formas do dizer-a-verdade filosófico em relação à política na época moderna ou contemporânea, poderemos dizer a mesma coisa. A teoria filosófica da soberania, a filosofia dos direitos fundamentais, a filosofia considerada como crítica social, todas essas formas de filosofia, todas essas formas de veridicção[4] filosófica não têm em absoluto de dizer como se deve governar, que decisões tomar, que leis adotar, que instituições criar. Mas, em compensação, para que uma

---

[4] Veridicção é o processo que se reclama da enunciação da verdade – o dizer verdadeiro –, susceptível de confrontação crítica, recordando-se agora que esta última palavra tem a sua raiz no termo grego *krisis* que significa escolha, opção, decisão (Casquilho, 2013, p. 85-86).

filosofia faça prova da sua realidade – hoje em dia como no tempo de Platão –, é indispensável que ela seja capaz de dizer a verdade em relação à ação [política], que ela diga a verdade seja em nome de uma análise crítica, seja em nome de uma filosofia, de uma concepção dos direitos, seja em nome de uma concepção de soberania, etc.

Enquanto a filosofia pode dizer a verdade com respeito à política, toda a prática política deverá manter uma relação contínua com esse dizer-a-verdade, ainda que essa ação da filosofia não se coadune com o que pode e o que deve ser uma racionalidade política. Isso porque, desde a Antiguidade, as relações humanas traziam uma dualidade quanto a dizer-a-verdade: verdade e coragem ou verdade e ética. A questão residia no seguinte: Quem é capaz de fazer um discurso verdadeiro? Como distinguir o discurso verdadeiro do discurso lisonjeiro? Quem é capaz de ter a coragem da verdade? Qual é a educação necessária? Qual será, na educação, o ponto no qual deve se pôr ênfase? (Foucault, 2010).

Finaliza Gallo (2008, p. 64): "Só criando conceitos, assumindo uma feição verdadeiramente filosófica é que a filosofia da educação poderá ter um futuro promissor".

"A morte da Filosofia – se se pode considerar que a dita morte é possível – reside em sua falta de vida e pluralidade. Sua essência repousa essencialmente na alteridade e na acolhida do outro e do diferente, em uma causa constante" (Unesco, 2011, p. 195).

O MEC indica algumas obras sobre filosofia por meio da Secretaria de Educação Básica (SEB) e do Fundo Nacional de

Desenvolvimento da Educação (FNDE), em seu *Guia de Livros didáticos* (Brasil, 2014).

Em seguida, são elencadas algumas das obras indicadas nesse guia:

ARRUDA, M. L. de; MARTINS, M. H. P. **Filosofando**: introdução à Filosofia. 5. ed. São Paulo: Moderna, 2013. Disponível em: <http://www.moderna.com.br/pnld2015/filosofandointroducaoaFilosofia>. Acesso em: 15 mar. 2015.

CHAUI, M. **Iniciação à Filosofia**. 2. ed. São Paulo: Ática, 2013. Disponível em: <www.atica.com.br/pnld2015/iniciacaoaFilosofia>. Acesso em: 15 mar. 2015.

COTRIM, G.; FERNANDES, M. **Fundamentos de filosofia**. 2. ed. São Paulo: Saraiva, 2013. Disponível em: <http://www.editorasaraiva.com.br/pnld2015/fundamentos_de_Filosofia>. Acesso em: 15 mar. 2015.

GALLO, S. **Filosofia**: experiência do pensamento. São Paulo: Scipione, 2013. Disponível em: <www.scipione.com.br/pnld2015/Filosofia experienciadopensamento>. Acesso em: 15 mar. 2015.

MEIER, C. **Filosofia**: por uma inteligência da complexidade. 2. ed. Belo Horizonte: Pax, 2013.

3.3 Competências que podem ser desenvolvidas pelo ensino da filosofia

No ensino em geral, o MEC prevê a consecução dos quatro princípios propostos para uma educação para o século XXI: aprender a conhecer, aprender a fazer, aprender a conviver e aprender a ser. Desses princípios, o Estado destaca o aprender a conhecer, justificando-o como "base que qualifica o fazer, o conviver e o ser e síntese de uma educação que prepara o indivíduo e a sociedade para os desafios futuros, em um mundo em constante e acelerada transformação" (Brasil, 2000, p. 11).

Quanto afirmada a educação permanente e para todos, a ideia é de uma formação com base no desenvolvimento de competências cognitivas, socioafetivas e psicomotoras, gerais e básicas. A pretensão é de que elas motivem o desenvolvimento de competências e habilidades específicas e básicas a cada área e especialidade de conhecimento particular. Com isso, nas "Diretrizes Curriculares Nacionais para o Ensino Médio, o desenvolvimento de competências básicas constitui um princípio de caráter epistemológico, referido no aprender a conhecer, que vem somar-se aos princípios filosóficos, já apontados" (Brasil, 2000, p. 11).

O MEC propõe que, no ensino da filosofia, seguindo a pertinência na abordagem dos conceitos e da história, algumas competências sejam aplicadas pelo professor. Você pode ver algumas dessas competências na figura a seguir.

Figura 3.2 — **Competências e habilidades a serem desenvolvidas em filosofia**

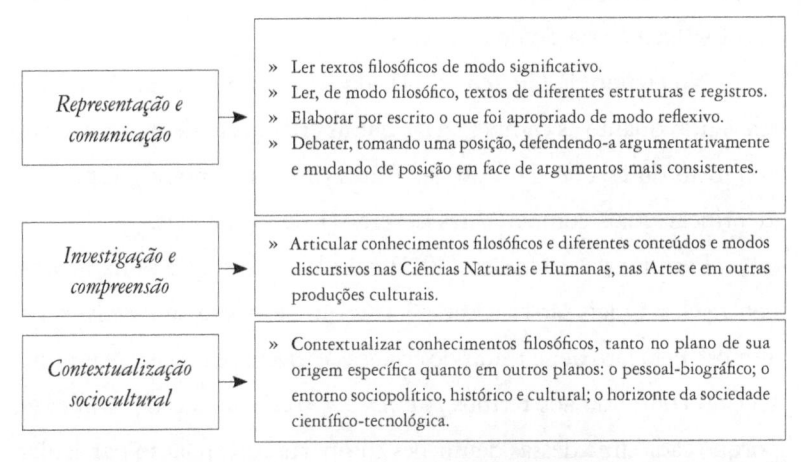

Representação e comunicação	» Ler textos filosóficos de modo significativo. » Ler, de modo filosófico, textos de diferentes estruturas e registros. » Elaborar por escrito o que foi apropriado de modo reflexivo. » Debater, tomando uma posição, defendendo-a argumentativamente e mudando de posição em face de argumentos mais consistentes.
Investigação e compreensão	» Articular conhecimentos filosóficos e diferentes conteúdos e modos discursivos nas Ciências Naturais e Humanas, nas Artes e em outras produções culturais.
Contextualização sociocultural	» Contextualizar conhecimentos filosóficos, tanto no plano de sua origem específica quanto em outros planos: o pessoal-biográfico; o entorno sociopolítico, histórico e cultural; o horizonte da sociedade científico-tecnológica.

Fonte: Elaborado com base em Brasil, 2000, p. 64.

Para o ensino da filosofia, as Diretrizes Curriculares da Educação Básica – Filosofia, do Estado do Paraná, na leitura dos textos filosóficos ou mesmo na história da filosofia, não indicam que os conteúdos serão o norte de todo o ensino (Paraná, 2008), uma vez que a importância desses recursos reside na possibilidade de atuar ante os diferentes problemas filosóficos que podem ser trabalhados pelos alunos com base na realidade em que vivem.

Ao professor é recomendado que aja de forma consciente, a fim de não praticar uma leitura sem expressividade, mas com domínio de texto, saindo do formalismo e do tecnicismo estrutural que a leitura contém, de forma a não suplantar a necessária compreensão do contexto – histórico, social e político – no qual se dá a produção da filosofia. Com base nessa reflexão, podemos dizer que a função do professor de Filosofia no ensino médio deve ser a de pensar de maneira filosófica na construção de espaços de problematização compartilhados com os alunos, de modo que problemas da vida atual possam ser abordados, envidando respostas e formulações da história da filosofia e a criação de conceitos.

No estudo da Unesco (2011), algumas informações são muito relevantes quanto às competências que as crianças podem desenvolver por meio do estudo da filosofia. Antes disso, no entanto, é preciso identificar quais competências devem ser desenvolvidas.

Para tanto, a Unesco (2011) sugere alguns questionamentos, dentre eles: Quais são as competências que se espera desenvolver nos alunos? Pelo fato de se tratar de crianças e jovens, é preciso pensar no sentido conferido aos termos *filosofia* e *aprender a aprender a filosofar*, porque cada uma dessas definições comporta uma relação particular com a tradição filosófica.

Com isso é privilegiada uma concepção específica da filosofia como o despertar e o desenvolvimento de um pensamento reflexivo de cunho racional. Assim, quais são as etapas de um itinerário filosófico de uma criança que podem despertar o pensamento da reflexão? Quais são os indicadores do caráter filosófico de um processo semelhante que podem ser traduzidos em outras competências?

Se um dos propósitos do ensino da filosofia consiste no despertar do pensamento reflexivo do aluno, é importante pensar que a pedagogia por objetivos sofre limitações, pois o pensamento é um comportamento que não pode ser observado ou mensurado. Assim, quando se define o desenvolvimento de capacidades e de competências essencialmente filosóficas, é preciso manter certo cuidado pela dependência de definições filosóficas que não se caracterizam como objeto de um consenso.

Em outra obra do MEC, a conclusão de que "o ensinar Filosofia no Ensino Médio converte-se, primariamente, na tarefa de fazer o estudante aceder a uma competência discursivo-filosófica" (Brasil, 2000, p. 50) pressupõe que o aluno se apropriou de um dado conteúdo filosófico como resposta de uma observação consciente e prévia do método de acesso a esse conteúdo. Nesse sentido,

> Apropriar-se do método adequado significa, primariamente, portanto, construir e exercitar a **capacidade de problematização**. Nisto consiste, talvez, a contribuição mais específica da Filosofia para a formação do aluno do Ensino Médio: auxiliá-lo a tornar temático o que está implícito e problematizar o que parece óbvio. Portanto, a competência de **leitura significativa** de textos filosóficos consiste, antes de mais nada, na capacidade de problematizar o que é lido, isto é, **apropriar-se reflexivamente** do conteúdo. (Brasil, 2000, p. 50, grifo do original)

Ensinar Filosofia em sala de aula, tanto seus conteúdos estruturantes quanto seus conteúdos básicos, requer o seguimento de quatro momentos: a mobilização para o conhecimento, a problematização, a investigação e a criação de conceitos (Paraná, 2008).

Segundo registra Cantista (2006), um aluno poderá compreender a filosofia contemporânea na medida em que conseguir associar os diferentes universos filosóficos criados no desenvolvimento da filosofia. Não há como fazer essa apropriação de conhecimento sem que estejam presentes os momentos filosóficos que são registrados na história da filosofia. A recomendação é de que, "Partindo do critério de intensidade já aludido, não são tantos os grandes momentos históricos de fecundidade filosófica; sendo assim, em aulas introdutórias à temática da disciplina, estes 'grandes momentos' devem ser abordados brevemente nos seus rasgos estruturais" (Cantista, 2006, p. 27).

Considerando que o público desse ensino da filosofia é composto de crianças, adolescentes e jovens, é preciso apresentar uma linguagem simples e acessível a todos. Isso porque, segundo a Unesco (2011, p. 3):

> Se há cada vez mais crianças que praticam filosofia no século XXI, é porque mais e mais pessoas trabalham com as crianças, criando condições para que o lugar na qual elas se encontram (sala de aula, na rua etc.) se transforme em uma comunidade de investigação filosófica. Essas mesmas pessoas atraídas, às vezes, para a novidade desta abordagem, intrigadas pelas mudanças que surgem, colocam desafios às soluções que prevalecem atualmente no mundo da educação, comprometem-se com a prática da filosofia com as crianças e se propõem a encontrar uma solução nova, mais coerente e apropriada a um problema que não deixou de ser reformulado na medida em que avança a história: a educação de alguém que ainda não é um homem, mas que vai ser.

Sendo assim, as competências a serem desenvolvidas por alunos da educação básica, ditadas pelos PCN, incluem as seguintes, (Brasil, 2000):

» **Capacidade de análise**: Somente é possível a crítica se for previamente realizado o exame detalhado dos elementos conceituais que contribuem para a compreensão de um texto filosófico. Essa capacidade tem resposta em outras, como a destreza hermenêutica, que consiste na capacidade de interpretação.
» **Capacidade de interpretação**: Implica em tematizar aspectos inerentes ao texto filosófico, indo para além do que é dito de modo expresso.

» **Capacidade de crítica ou de problematização:** Deve haver o distanciamento adequado do intérprete em relação ao texto, para que ele não se comprometa equivocadamente com o ponto de vista ali expressado.

As competências requeridas ao desenvolvimento do fazer filosofia incluem a capacidade de "compreender os elementos cognitivos, afetivos, sociais e culturais que constituem a identidade própria e a dos outros" (Brasil, 1998, p. 49). No entanto, se a vida humana se constitui nos meios do trabalho e da comunicação linguística, a capacidade dessa compreensão tem como base segura o desenvolvimento de uma competência comunicativo-linguística.

Assim, na formatação de uma competência associada ao ensino da filosofia, que indica a leitura filosófica, temos o seguinte raciocínio:

> A competência de leitura filosófica de outros discursos significa, por certo, a capacidade de problematizar e refletir a partir das estruturas e registros específicos desses discursos, isto é, lê-los com um olhar crítico. Isto pode ser traduzido também, mas não necessária ou unicamente, no exercício do reconhecimento de orientações filosóficas, refletidas ou não, originais ou não, que, eventualmente, possam habitar neles. De qualquer modo, o desenvolvimento dessa competência supõe a capacidade de articular referências culturais em geral e, mais especificamente, a capacidade de articular diferentes referências filosóficas e diferentes discursos. Uma prática, portanto, comprometida com o pressuposto de uma leitura transdisciplinar do mundo, a qual deve poder ser fomentada pela escola na medida em que os diversos conhecimentos disponíveis se interliguem numa rede. (Brasil, 2000, p. 54-55)

Quanto às competências, segundo a Unesco (2011), estas devem também ser desenvolvidas por parte dos professores. No entanto, quais são essas competências?

> A competência mais geral é provavelmente a de saber ensinar os alunos a aprender a filosofar, a pensar por si mesmos. Isto significa favorecer o surgimento de seu questionamento e ajudá-los em seu processo de busca. Para conseguir esse objetivo no que se refere a questões de ordem filosófica, o professor deve exercer na aula uma vigilância antidogmática e antirrelativista. Com efeito, para incentivar o desenvolvimento de questionamentos nos alunos, o professor deve criar na sala de aula os espaços, os momentos e os dispositivos que permitam ao aluno se expressar e trabalhar. (Unesco, 2011, p. 20)

Os PCN para o ensino médio ainda indicam que, do mesmo modo que ocorre na formação de competências para fazer filosofia, iniciativas devem partir do professor, de forma que cada docente deverá ser convocado a um "esforço de superação da tendência cultural a uma óptica reducionista, isolacionista" (Brasil, 2000, p. 56).

Para isso acontecer, é preciso que o educador leve o aluno "a ampliar seu campo de visão até a inteira latitude do real, no sentido de apreendê-lo [...] como um conjunto de relações entre todos os seus elementos, como uma trama que supõe a costura e o entrelaçamento dos fios" (Brasil, 2000, p. 56). Com isso, o professor poderá tomar o real como uma totalidade inter-relacionada.

Nesse contexto, podemos dizer que o ensino da filosofia deve prever o surgimento de várias respostas possíveis a uma mesma questão filosófica e também que qualquer uma dessas respostas pode sofrer reexame. Ao professor cabe evitar o relativismo, já que a ignorância é um prejuízo, a certeza sem estar fundamentada pode ser considerada um erro e mesmo a inclusão de uma mentira ou de má-fé pode influir em uma resposta dada a uma pergunta.

> "A possibilidade de que haja uma verdade que todas as mentes possam compartilhar porque foi estabelecida de modo racional deve ser a ideia reguladora de qualquer indagação" (Unesco, 2011, p. 20).

Levando em consideração que o adolescente contemporâneo é um indivíduo que se questiona sem querer, que se opõe para se afirmar, para adquirir segurança e autonomia e para reduzir a ansiedade de seu questionamento, o ensino da filosofia pode contribuir de forma significativa quando observadas algumas ponderações essenciais, dentre as quais está o modo como um adolescente filósofo poderá assumir o questionamento humano, para que seja conduzido de forma racional, manifestando a liberdade e a atitude filosófica de alguém que é, na verdade, questionado em sua existência e que tenta apaziguar essa questão.

Qual o método ideal para que um questionamento seja incentivado em um adolescente que duvida de si mesmo, procura certezas e usa de metáforas, ainda que em oposição? Qual é o método pedagógico e didático a ser adotado pelo professor para acompanhar o adolescente na transição do questionamento que se impõe ao seu próprio questionamento, tendo em conta o efeito psicológico que experimenta na construção do conceito?.

> "Quem não tem umas tintas de Filosofia é homem que caminha pela vida fora sempre agrilhoado a preconceitos que se derivam do senso-comum, das crenças habituais do seu tempo e do seu país, das convicções que cresceram em seu espírito, sem a cooperação ou o consentimento de uma razão deliberada. O mundo tende, para tal homem, a tornar-se finito, definido, óbvio; para ele, os objetos habituais não erguem problemas, e as possibilidades infamiliares são desdenhosamente rejeitadas". (Paraná, 2008, p. 38)

Uma proposta para o ensino da filosofia envolve exemplos decorrentes das olimpíadas internacionais de filosofia, com experiências inspiradas nelas próprias, baseadas em atividades voluntárias na organização de olimpíadas filosóficas locais ou em concursos de ensaios filosóficos. Sobre as normas, a Unesco (2011, p. 192) exemplifica:

> Para garantir que nenhuma ênfase será colocada sobre a dimensão acadêmica ou elitista, por vezes inerente ao início de uma competição, podem ser tomadas certas medidas. O júri não seria formado exclusivamente por profissionais da Filosofia; o regulamento do concurso deve estipular que os textos se dirijam ao público em geral e, na medida possível, cabe definir várias categorias de participantes (jovens, adultos, estudantes de Filosofia etc), a fim de proporcionar uma oportunidade para os diferentes tipos de pessoas.

Para o contexto da virtualidade e da cibernética no ensino da filosofia na escola, o campo das competências pode avançar com os recursos tecnológicos quando as mudanças nas inter-relações seguem orientações que indicam um tempo agora, direcionado à construção de novas práticas de educação em um mundo virtual.

Indicações culturais

O estudo sobre a filosofia e sua obrigatoriedade na educação básica, em razão da importância da disciplina e da formação para a cidadania, pode ser melhorado com a contribuição de algumas sugestões de materiais que apresentamos a seguir.

Artigos

HENRIQUES, F. Aprender filosofia hoje. Subsídios para um olhar não discriminador sobre o material pedagógico. **Cadernos SACAUSEF III – A dimensão do Género nos Produtos Educativos Multimédia**, p. 107-113, 2007. Disponível em: <http://erte.dge.mec.pt/files/@crie/1220024748_12_SACAUSEF_III_107a113.pdf>. Acesso em: 15 mar. 2015.

O artigo de Henriques pode ser acessado, lido ou baixado gratuitamente no endereço eletrônico.

Filmes

SOCIEDADE DOS POETAS MORTOS. Direção: Peter Weir. EUA: Disney; Buena Vista, 1989. 128 min.

Sinopse elaborada pela página web Adoro Cinema:

"Em 1959, na *Welton Academy*, uma tradicional escola preparatória, um ex--aluno (Robin Williams) se torna o novo professor de literatura, mas logo seus métodos de incentivar os alunos a pensarem por si mesmos criam um choque com a ortodoxa direção do colégio, principalmente quando ele fala aos seus alunos sobre a Sociedade dos Poetas Mortos" (AdoroCinema, 2014b).

Comentário sobre o filme *Sociedade dos Poetas Mortos*

Um filme que, por trás de um enredo bastante previsível, aborda uma questão fundamental em uma sociedade como a nossa, marcada por uma racionalidade que visa fins e objetivos úteis, sejam eles a sobrevivência, o sucesso ou o *status*. De que espaço podemos dispor para a expressão do que há de mais humano em nós, nossas dúvidas, nossas perguntas essenciais? Qual o lugar do "inútil" da poesia, da arte e da filosofia? (Adaptado de UFJF, 2014, p. 1).

Livros

PAULA, A. C. de; SPERBER, S. F. (Org.). **Teoria literária e hermenêutica ricoeuriana**: um diálogo possível. Dourados: UFGD, 2011. Disponível em: <http://www.dominiopublico.gov.br/download/texto/gd000047.pdf>. Acesso em: 15 mar. 2015.

Disponível para acessar e salvar gratuitamente no endereço eletrônico.

Síntese

Neste capítulo, abordamos assuntos relativos ao aluno como cidadão, sujeito do ensino e da aprendizagem da filosofia na escola, trazendo registros e definições conceituais sobre o contemporâneo, a filosofia da contemporaneidade e a forma como se inserem as metodologias voltadas ao seu ensino nas políticas públicas educacionais.

Vista e interpretada pelo Estado como uma ciência que pode possibilitar ao aluno o conhecimento do sentido filosófico em sua formação, a legislação brasileira justifica e argumenta a inclusão da filosofia no currículo escolar para os ensinos fundamental e médio. Dentre os objetivos desse ensino constam a emancipação do aluno pela capacidade de pensar e de fazer filosofia.

O texto apresenta as argumentações e considerações da Unesco para o ensino da filosofia como uma forma de construção da cidadania e da formação de homens livres. Acreditamos que o aluno poderá compreender que muitos esforços têm sido feitos, em nível nacional e internacional, para que a filosofia se expanda em seus ensinamentos, que devem ser acessíveis a todos que dela quiserem fazer uso, em benefício de si e das pessoas no seu entorno.

Entendemos que os valores e a ética são elementos de comprometimento para a participação do indivíduo na sociedade. Sendo assim, neste capítulo mostramos como tem se dado a preocupação do Estado com o ensino da filosofia e como as diversas iniciativas por parte de instituições de ensino e do governo têm revertido em resultados significativos para uma formação cidadã.

Atividades de autoavaliação

1. Assinale a alternativa **incorreta**:
    a) A filosofia se encontra no seio da história.
    b) A filosofia contemporânea é resultado da preocupação com o homem, em como ele sobreviverá na sociedade moderna, sua profissionalização e formação acadêmica.
    c) A filosofia incita o pensamento a despertar-se sempre.
    d) É a pessoa quem descobre o tema da filosofia e, só por isso, entra em contacto com os filósofos que foram.

2. Assinale a alternativa **incorreta**:
    a) As competências requeridas ao desenvolvimento do fazer filosofia incluem a capacidade de compreender os elementos cognitivos, afetivos, sociais e culturais.

b) Cada docente deverá ser convocado a um esforço de superação da tendência cultural a uma óptica reducionista, isolacionista.

c) A apropriação de conhecimento é realizada independentemente da presença de momentos filosóficos que são registrados na história da filosofia porque existem de fato.

d) Capacidade de interpretação: implica em tematizar aspectos inerentes ao texto filosófico, indo para além do que é dito de modo expresso.

3. Assinale o termo correto que completa a seguinte frase:
Ensinar Filosofia no ensino médio converte-se, primariamente, na tarefa de fazer o estudante aceder a uma:
a) filosofia de consenso.
b) competência discursivo-filosófica.
c) busca de valores éticos e de equilíbrio virtual.
d) leitura filosófica.

4. Qual é o principal objetivo do esclarecimento, de acordo com Adorno e Horkheimer (1985)?
a) Investir os homens na posição de senhores.
b) Simpatizar com a coerção social.
c) Livrar os homens do medo.
d) Todas as alternativas anteriores estão corretas.

5. Assinale verdadeiro (V) ou falso (F) nas sentenças a seguir a fim de complementar a frase "A formação do professor e o desenvolvimento de competências deve prever que ele leve o aluno a...":
( ) evitar o relativismo.

( ) ampliar seu campo de visão até a inteira latitude do real, no sentido de apreendê-lo.
( ) despertar seus questionamentos acerca de suas certezas e dúvidas.
( ) levar em conta o efeito psicológico que experimenta na construção de conceitos.

Assinale a alternativa que corresponde à sequência correta:
a) V, F, F, V.
b) V, F, V, V.
c) V, V, F, F.
d) F, F, V, V.

Atividades de aprendizagem

Questões para reflexão

1. Leia a obra *O que é o contemporâneo e outros ensaios*, de Giorgio Agamben (2009), da página 55 em diante, sobre a contemporaneidade. Redija um texto de até 15 linhas sobre o que você entendeu como sendo a contemporaneidade.

   A obra está disponível para ser baixada e salva gratuitamente nos endereços eletrônicos a seguir:

AGAMBEN, G. **O que é o contemporâneo e outros ensaios**. Tradução de Vinícius Nicastro Honesko. Chapecó: Argos, 2009. Disponível em: <http://ghiraldelli.pro.br/wp-content/uploads/34498541-agamben-giorgio-o-que-e-contemporaneo-e-outros-ensaios.pdf>; <http://minhateca.com.br/livros_gratis_BR/AGAMBEN*2c+Giorgio.+O+Que+*c3*a9+o+Contempor*c3*a2neo+e+outros+ensaios,68423.pdf>. Acesso em: 15 mar. 2015.

2. Gelamo (2009a, p. 109) esclarece sobre a visão de Nietzsche concernente ao homem moderno e ao estado de completa letargia em que este vive.

Leia a obra *Além do bem e do mal*, de Friedrich Nietzsche (2001). Concentre-se no título "O espírito livre" e cite suas impressões sobre o que Nitzsche quer dizer com "estado de letargia do homem", em um texto de até 300 palavras.

A obra pode ser acessada, lida e baixada gratuitamente no endereço eletrônico a seguir:

NIETZSCHE, F. W. **Além do bem e do mal ou Prelúdio de uma Filosofia do futuro**. Tradução de Márcio Pugliesi. Curitiba: Hemus, 2001. Disponível em: <http://ghiraldelli.pro.br/wp-content/uploads/alem-do-bem-e-do-mal.pdf>. Acesso em: 15 mar. 2015.

Atividade aplicada: prática

1. Com base no artigo "Transparências obscuras: pensar a complexidade no século XXI", escrito por Enrique Rodriguez Larreta, desenvolva uma resenha crítica de, no máximo, 10 mil caracteres com espaços.

A obra pode ser acessada gratuitamente no endereço eletrônico a seguir:

LARRETA, E. R. **Transparências obscuras**: pensar a complexidade no século XXI. Portal Domínio Público. Disponível em: <http://www.dominiopublico.gov.br/download/texto/ue000279.pdf>. Acesso em: 15 mar. 2015.

Para essa resenha crítica, deve ser seguido o seguinte roteiro:
   I. **OBRA**:
   > SOBRENOME, Nome. Título, local, data, p.
   II. **CREDENCIAIS DA AUTORIA**

III. DIGESTO
IV. CONCLUSÕES DA AUTORIA
V. CRÍTICA DO RESENHISTA
VI. INDICAÇÕES DO RESENHISTA

Consultando a legislação

BRASIL. Lei n. 9.394, de 20 de dezembro de 1996. **Diário Oficial da União**, Poder Legislativo, Brasília, DF, 23 dez. 1996. Disponível em: <http://www.planalto.gov.br/ccivil_03/leis/l9394.htm>. Acesso em: 16 mar. 2015.

Estabelece as diretrizes e bases da educação nacional.

BRASIL. Lei n. 11.684, de 2 de junho de 2008. **Diário Oficial da União**, Poder Legislativo, Brasília, DF, Brasília, DF, 9 jan. 2008. Disponível em: <http://www.planalto.gov.br/ccivil_03/_Ato2007-2010/2008/Lei/L11684.htm>. Acesso em: 15 mar. 2015.

Altera o art. 36 da Lei n. 9.394, de 20 de dezembro de 1996, que estabelece as diretrizes e bases da educação nacional, para incluir a Filosofia e a Sociologia como disciplinas obrigatórias nos currículos do ensino médio.

BRASIL. Ministério da Educação. Conselho Nacional de Educação. Câmara de Educação Básica. Parecer n. 15, de 1º de junho de 1998. **Diário Oficial da União**, Brasília, DF, 26 jun. 1998. Disponível em: <http://portal.mec.gov.br/cne/arquivos/pdf/1998/pceb015_98.pdf>. Acesso em: 16 mar. 2015.

BRASIL. Parecer n. 38, de 7 de julho de 2006. **Diário Oficial da União**, Brasília, DF, 14 ago. 2006. Disponível em: <http://portal.mec.gov.br/cne/arquivos/pdf/pceb038_06.pdf>. Acesso em: 16 mar. 2015.

Inclusão obrigatória das disciplinas de Filosofia e Sociologia no currículo do ensino médio.

Considerações finais

Em se tratando de educação, é importante pensá-la em toda a sua extensão e, especialmente, ter a certeza de que somos todos educadores, em cada momento da existência humana, na medida em que disseminamos o conhecimento adquirido, tornando-o plural e ao alcance de todos.

Nesta obra, buscamos levar ao aluno a consciência de sua responsabilidade como cidadão, futuro docente, educador e disseminador do conhecimento – especialmente quanto ao ensino da filosofia, quando as políticas públicas educacionais nacionais o indicam para os ensinos fundamental e médio.

Na construção do texto, buscamos consultar fontes que trazem dados e informações tanto sobre a filosofia clássica e as origens filosóficas quanto voltados para a contemporaneidade, no momento em que o Ministério da Educação (MEC) visualiza a necessidade de ensinar filosofia para adolescentes e jovens em sala de aula.

Ao longo do texto, foram inseridas sugestões de materiais para leitura e visualização, que podem ser aproveitadas pelos alunos em sua aprendizagem e, mais tarde, como suporte à elaboração de aulas de Filosofia para alunos dos ensinos fundamental e médio.

Concluindo, temos a convicção de que os propósitos idealizados na elaboração deste livro terão êxito, tanto em sua utilização para consultas quanto na proposição de uma nova forma de fazer filosofia.

REFERÊNCIAS

50 LIÇÕES de Filosofia. **Filmes**. 2013. Disponível em: <http://50licoes.blogspot.com.br/2013/05/filmes.html>. Acesso em: 14 out. 2014.

ADORNO, T. **Educação e emancipação**. São Paulo: Paz e Terra, 1995.

ADORNO, T.; HORKHEIMER, M. **Dialética do esclarecimento**. Rio de Janeiro: Jorge Zahar, 1985.

ADOROCINEMA. **Matrix**. Disponível em: <http://www.adorocinema.com/filmes/filme-19776>. Acesso em: 21 out. 2014a.

ADOROCINEMA. Sociedade dos poetas mortos. Disponível em: <http://www.adorocinema.com/filmes/filme-5280>. Acesso em: 14 out. 2014b.

AGAMBEN, G. **O que é o contemporâneo e outros ensaios**. Tradução de Vinícius Nicastro Honesko. Chapecó: Argos, 2009. Disponível em: <http://ghiraldelli.pro.br/wp-content/uploads/34498541-agamben-giorgio-o-que-e-contemporaneo-e-outros-ensaios.pdf>; <http://minhateca.com.br/livros_gratis_BR/AGAMBEN*2c+Giorgio.+O+Que+*c3*a9+o+Contempor*c3*a2neo+e+outros+ensaios,68423.pdf>. Acesso em: 15 mar. 2015.

ALVES, J. M. **Deus, alma e morte na história do pensamento ocidental.** Lisboa: 2008. Disponível em: <http://www.homeoesp.org/livros_online/deus_alma_e_morte_na_historia_da_Filosofia.pdf>. Acesso em: 7 abr. 2015.

AMISTAD. Direção: Steven Spielberg. EUA: DreamWorks SKG; Home Box Office (HBO), 1997. 162 min.

ARANHA, M. L. de A.; MARTINS, M. H. P. **Filosofando**: introdução à filosofia. 2. ed. rev. e atual. São Paulo: Moderna, 1993.

BARROS, D. M. V.; HENRIQUES, S. Introdução. In: BARROS, D. M. V. et al. (Org.). **Educação e tecnologias**: reflexão, inovação e práticas. Lisboa, 2011. p. 7-11. Disponível em: <http://www.intaead.com.br/ebooks1/livros/pedagogia/18.Educa%E7%E3o%20e%20Tecnologias.pdf>. Acesso em: 10 out. 2014.

BELLUZZO, R. C. B.; FERES, G. G. Tecnologias e a formação de leitores: desafios na sociedade contemporânea. In: BARROS, D. M. V. et al. (Org.). **Educação e tecnologias**: reflexão, inovação e práticas. Lisboa, 2011. p. 43-72. Disponível em: <http://www.intaead.com.br/ebooks1/livros/pedagogia/18.Educa%E7%E3o%20e%20Tecnologias.pdf>. Acesso em: 10 out. 2014.

BIBIANO, B. Unesco: 38% dos analfabetos latino-americanos são brasileiros. **Veja Educação**, jan. 2014. Disponível em: <http://veja.abril.com.br/noticia/educacao/unesco-38-dos-analfabetos-latino-americanos-sao-brasileiros>. Acesso em: 23 out. 2014.

BORNHEIM, G. **Os filósofos pré-socráticos**. São Paulo: Cultrix, 2005.

BOTIN, F. J. H. **Estudos de ética e filosofia da religião**. São Paulo: Loyola, 2006.

BRASIL. Constituição (1988). **Diário Oficial da União**, Brasília, DF, 5 out. 1988. Disponível em: <http://www.planalto.gov.br/ccivil_03/constituicao/constituicaocompilado.htm>. Acesso em: 2 jun. 2015.

BRASIL. Lei n. 9.394, de 20 de dezembro de 1996. **Diário Oficial da União**, Poder Legislativo, Brasília, DF, 23 dez. 1996. Disponível em: <http://www.planalto.gov.br/ccivil_03/leis/l9394.htm>. Acesso em: 16 mar. 2015.

BRASIL. Lei n. 11.684, de 2 de junho de 2008. **Diário Oficial da União**, Poder Legislativo, Brasília, DF, 3 jun. 2008. Disponível em: <http://www.planalto.

gov.br/ccivil_03/_Ato2007-2010/2008/Lei/L11684.htm>. Acesso em: 15 mar. 2015.

BRASIL. Ministério da Educação. Conselho Nacional de Educação. Câmara de Educação Básica. Parecer n. 15, de 1º de junho de 1998. **Diário Oficial da União**, Brasília, DF, 26 jun. 1998. Disponível em: <http://portal.mec.gov.br/cne/arquivos/pdf/1998/pceb015_98.pdf>. Acesso em: 16 mar. 2015.

BRASIL. Parecer n. 38, de 7 de julho de 2006. **Diário Oficial da União**, Brasília, DF, 14 ago. 2006a. Disponível em: <http://portal.mec.gov.br/cne/arquivos/pdf/pceb038_06.pdf>. Acesso em: 16 mar. 2015.

BRASIL. Ministério de Educação. Secretaria de Educação Básica. **Orientações curriculares para o ensino médio**: ciências humanas e suas tecnologias – Volume 3. Brasília: MEC/SEB, 2006b. Disponível em: <http://portal.mec.gov.br/seb/arquivos/pdf/book_volume_03_internet.pdf>. Acesso em: 2 jun. 2015.

BRASIL. **Guia de livros didáticos**: PNLD 2015 – Ensino Médio – Filosofia. Brasília: MEC/SEB, 2014.

BRASIL. Ministério da Educação. Secretaria de Educação Média e Tecnológica. **Parâmetros Curriculares Nacionais (Ensino Médio)**: Parte IV – ciências humanas e suas tecnologias. Brasília: MEC/Semtec, 2000. Disponível em: <http://www.academia.edu/8154347/Par%C3%A2metros_Curriculares_Nacionais>. Acesso em: 2 jun. 2015.

BRASIL. **PCN + Ensino médio**: orientações educacionais complementares aos parâmetros curriculares nacionais – ciências humanas e suas tecnologias: Brasília: MEC/Semtec, 2002. Disponível em: <http://portal.mec.gov.br/seb/arquivos/pdf/CienciasHumanas.pdf>. Acesso em: 2 jun. 2015.

CANTISTA, M. J. **Filosofia contemporânea**. Porto: Universidade do Porto, 2006. v. I. Disponível em: <http://ler.letras.up.pt/uploads/ficheiros/8095.pdf>. Acesso em: 2 jun. 2015.

CARRETO, L. **Aristóteles para executivos**: como a filosofia ajuda na gestão empresarial. São Paulo: Globo, 2008.

CASQUILHO, J. P. Veridicção, verosimilhança e informação. **Revista Veritas**, n. 1, p. 81-103, 2013.

CASTELLS, M. **A galáxia da internet**: reflexões sobre a internet, os negócios e a sociedade. Rio de Janeiro: Jorge Zahar, 2003.

CEBRIÁN, J. L. **A rede**: como nossas vidas serão transformadas pelos novos meios de comunicação. 2. ed. São Paulo: Summus Editorial, 1998.

CHAUI, M. **Convite à filosofia**. São Paulo: Ática, 2000.

CHAUI, M. **Iniciação à filosofia**. 2. ed. São Paulo: Ática, 2013.

COELHO, T. **Moderno pós-moderno**: modos e versões. 5. ed. São Paulo: Iluminuras, 2005.

COMTE, I. A. M. F. X. **Discurso preliminar sobre o espírito positivo**. Tradução de Renato Barboza Rodrigues Pereira. 1948. Portal Domínio Público, 2014. Disponível em: <http://www.dominiopublico.gov.br/download/texto/cv000028.pdf>. Acesso em: 25 set. 2014.

CORNELLI, G. História da filosofia antiga: começar pelo diálogo. In: CORNELLI, G.; CARVALHO, M.; DANELON, M. (Coord.). **Filosofia**: ensino médio. Brasília: MEC/SEB, 2010. p. 45-58. (Coleção Explorando o Ensino; v. 14). Disponível em: <http://www.academia.edu/4765292/Hist%C3%B3ria_da_filosofia_antiga_come%C3%A7ar_pelo_di%C3%A1logo_MEC_2010>. Acesso em: 2 jun. 2015.

COTRIM, G.; FERNANDES, M. **Fundamentos de filosofia**. 2. ed. São Paulo: Saraiva, 2013.

CUADRADO, A. M. Desarrollo de las competencias informáticas y la ciudadanía del siglo XXI. In: BARROS, D. M. V. et al. (Org.). **Educação e tecnologias**: reflexão, inovação e práticas. Lisboa, 2011. p. 139-164. Disponível em: <http://www.intaead.com.br/ebooks1/livros/pedagogia/18.Educa%E7%E3o%20e%20Tecnologias.pdf>. Acesso em: 10 out. 2014.

CUPERTINO, I. T. B. Por que ver. **Revista Jurídica**, n. 32, mar. 2011. Disponível em: <http://revistavisaojuridica.uol.com.br/advogados-leis-jurisprudencia/32/artigo123716-1.asp>. Acesso em: 21 out. 2014.

DELEUZE, G.; GUATTARI, F. **O que é a filosofia?** Tradução de Bento Prado Jr. e Alberto Alonso Muñoz. Rio de Janeiro: Ed. 34, 2007. (Coleção Trans). Disponível em: <http://www.casadosino.com.br/divulgacao/biblioteca/deleuze_guattari_q_eh_a_filosofia.pdf>. Acesso em: 2 jun. 2015.

DOMÍNIO Público. **Filosofia**. Disponível em: <http://www.dominiopublico.gov.br/pesquisa/PesquisaObraForm.do>. Acesso em: 12 out. 2014.

DUDZIAK, E. A.; BELLUZZO, R. C. B. Educação, informação e tecnologia na sociedade contemporânea: diferenciais à inovação? **Revista Brasileira de Biblioteconomia e Documentação**, São Paulo, v. 4, n. 2, p. 44-51, jul./dez. 2008.

ENCICLOPÉDIA da Conscienciologia. **Vida pública**: sociologia. 25 jul. 2010, p. 39-42. Disponível em: <http://www.tertuliaconscienciologia.org/index.php?option=com_docman&task=cat_view&gid=11&dir=ASC&order=name&Itemid=13&limit=20&limitstart=40>. Acesso em: 23 out. 2014.

FELLINI, J. O anel de Giges: virtude e visibilidade. **Revista Espaço Acadêmico**, n. 96, maio 2009. Disponível em: <http://www.espacoacademico.com.br/096/96fellini.pdf>. Acesso em: 14 mar. 2015.

FOUCAULT, M. **A arqueologia do saber**. 7. ed. 3. reimp. Rio de Janeiro: Forense Universitária, 2008.

FOUCAULT, M. **O governo de si e dos outros**: curso no Cullége de France (1982-1983). Tradução de Eduardo Brandão. São Paulo: WMF Martins Fontes, 2010. (Obras de Michel Foucault).

GALLO, S. **Deleuze e a educação**. 2. ed. Belo Horizonte: Autêntica, 2008.

GALLO, S. Ensino de Filosofia: avaliação e materiais didáticos. In: CORNELLI, G.; CARVALHO, M.; DANELON, M. (Coord.). **Filosofia**: ensino médio. Brasília: MEC/SEB, 2010. p. 159-170. (Coleção Explorando o Ensino; v. 14).

GALLO, S. **Filosofia**: experiência do pensamento. São Paulo: Scipione, 2013.

GALLO, S. O que é Filosofia da Educação? Anotações a partir de Deleuze e Guattari. **Perspectiva**, v. 18, n. 34, p. 49-68, jul./dez. 2000. Disponível em: <https://periodicos.ufsc.br/index.php/perspectiva/article/view/10418>. Acesso em: 2 jun. 2015.

GELAMO, R. P. **O ensino da filosofia no limiar da contemporaneidade**: o que faz o filósofo quando seu ofício é ser professor de Filosofia? São Paulo: Cultura Acadêmica, 2009a.

GELAMO, R. P. **O ensino da filosofia no limiar da contemporaneidade**: o que faz o filósofo quando seu ofício é ser professor de Filosofia? 137 f. Tese (Doutorado em Educação) – Faculdade de Filosofia e Ciências, Universidade Estadual Paulista, Marília, 2009b. Disponível em: <http://www.marilia. unesp.br/Home/Pos-Graduacao/Educacao/Dissertacoes/gelamo_rp_dr_mar. pdf>. Acesso em: 16 mar. 2015.

GHIRALDELLI JUNIOR, P. **História essencial da filosofia**. São Paulo: Universo dos Livros, 2009. v. 2.

GIANNOTTI, J. A. (Cons.). **Comte, Auguste, 1798-1857**. Curso de Filosofia positiva; Discurso sobre o espírito positivo; Discurso preliminar sobre o conjunto do positivismo; Catecismo positivista. Tradução de José Arthur Giannotti e Miguel Lemos. São Paulo: Abril Cultural, 1978. (Coleção Os Pensadores).

GIBSON, W. **Neuromancer**. Tradução de Abdoulie Sam Boyd e Lumir Nahodil. Data Publicação Original, 1984. Data da Digitalização, 2002. Disponível em: <http://www.libertarianismo.org/livros/wgneuromancer.pdf>. Acesso em: 12 mar. 2015.

GOULÃO, M. de F. Ensinar a aprender na sociedade do conhecimento: o que significa ser professor? In: BARROS, D. M. V. et al. (Org.). **Educação e tecnologias**: reflexão, inovação e práticas. Lisboa, 2011. p. 73-86. Disponível em: <http://www.intaead.com.br/ebooks1/livros/pedagogia/18.Educa%E7%E3o%20e%20Tecnologias.pdf>. Acesso em: 10 out. 2014.

GRUPO UNIO. **Sociedade dos Poetas Mortos** – Grupo Unio 2/2012. Disponível em: <http://www.youtube.com/watch?v=iuHhv5Fg_yw>. Acesso em: 15 mar. 2015.

HAESBAERT, R.; RAMOS, T. T. O mito da desterritorialização econômica. **GEOgraphia**, ano 6, n. 12, p. 25-48, 2004.

HEGENBERG, L. **Filosofia moral**: ética. Rio de Janeiro: E-papers, 2010.

HENRIQUES, F. Aprender filosofia hoje. Subsídios para um olhar não discriminador sobre o material pedagógico. **Cadernos SACAUSEF III** – A dimensão do Género nos Produtos Educativos Multimédia, p. 107-113, 2007. Disponível em:

<http://erte.dge.mec.pt/files/@crie/1220024748_12_SACAUSEF_III_107a113. pdf>. Acesso em: 15 mar. 2015.

HISTORIANET. **Amistad**. Disponível em: <http://www.historianet.com.br/conteudo/default.aspx?codigo=338>. Acesso em: 21 out. 2014.

HISTORIANET. **O nome da rosa**. 25 fev. 2014. Disponível em: <http://www.historianet.com.br/conteudo/default.aspx?codigo=93>. Acesso em: 12 out. 2014.

HOBBES, T. **Elementos de filosofia**: primeira seção – sobre o corpo. Parte I – computação ou lógica. Tradução e apresentação de José Oscar de A. Marques. Campinas: IFCH; Unicamp, 2005 (Clássicos da Filosofia. Cadernos de Tradução 12).

IBER, C. **Introdução à filosofia moderna e contemporânea**: orientação sobre seus métodos [recurso eletrônico]. Porto Alegre: EdiPUCRS, 2012. 182 p. (Série Filosofia; 216). Disponível em: <http://ebooks.pucrs.br/edipucrs/Ebooks/Pdf/978-85-397-0185-8.pdf>. Acesso em: 12 mar. 2015.

IMDb. **Matrix**. Disponível em: <http://www.imdb.com/title/tt0133093>. Acesso em: 14 mar. 2015.

JANZ, B. A filosofia como se o lugar importasse: a situação da filosofia africana. In: CAREL, H.; GAMEZ, D. **Filosofia contemporânea em ação**. Porto Alegre: Artmed, 2004. p. 105-116.

KANT, I. **Crítica da razão pura**. Tradução de Manuela Pinto dos Santos e Alexandre Fradique Morujão. 5. ed. Lisboa: Edição da Fundação Calouste Gulbenkian, 2001.

KANT, I. **Lógica**. [Excertos da] Introdução. Tradução de Artur Morão. Coleção Textos Clássicos de Filosofia. Covilhã: Universidade da Beira Interior, 2009.

KANT, I. **Lógica**. Rio de Janeiro: Tempo Brasileiro, 1992.

KANT, I. **Resposta à pergunta**: O que é o esclarecimento? 1783. Traduzido por Luiz Paulo Rouanet. Disponível em: <http://ensinarFilosofia.com.br/__pdfs/e_livros/47.pdf> Acesso em: 6 abr. 2015.

KANT, I. **Sobre a pedagogia**. 2. ed. Piracicaba: Unimep, 1999.

KOHAN, W. O. O ensino de filosofia e a questão da emancipação. In: CORNELLI, G.; CARVALHO, M.; DANELON, M. (Coord.). **Filosofia**: ensino médio. Brasília: MEC/SEB, 2010. p. 203-211. (Coleção Explorando o Ensino; v. 14).

KOLB, A. Ontologia e antropologia virtuais. In: KOLB, A.; ESTERBAUER, R.; RUCKENBAUER, H-W. (Org.). **Ciberética**: responsabilidade em um mundo interligado pela rede digital. São Paulo: Edições Loyola, 2001.

KOLB, A.; ESTERBAUER, R.; RUCKENBAUER, H-W. (Org.). **Ciberética**: responsabilidade em um mundo interligado pela rede digital. São Paulo: Edições Loyola, 2001.

LARRETA, E. R. Transparências obscuras: pensar a complexidade no século XXI. In: MENDES, C. (Org.). LARRETA, E. (Ed.). **Representação e complexidade**. Rio de Janeiro: Garamond, 2003.

LEFEBVRE, H. **The Production of Space**. Maiden: Mblackwell Publishing, 2007.

LEMGRUBER, M. S.; TORRES, L. T. O blog como ambiente de reflexão filosófica na escola: a nova ágora virtual. In: SIMPÓSIO HIPERTEXTO E TECNOLOGIAS NA EDUCAÇÃO, 3., 2010, Recife. **Anais**... Recife: Universidade Federal de Pernambuco, 2010. Disponível em: <https://www.ufpe.br/nehte/simpósio/anais/Anais-Hipertexto-2010/Marcio-Silveira-Lemgruber&Luciano-Tavares-Torres.pdf>. Acesso em: 2 jun. 2015.

LÉVY, P. **Filosofia World**: o mercado, o ciberespaço, a consciência. Lisboa: Instituto Piaget, 2001.

LÉVY, P. **O que é virtual?** Tradução de Paulo Neves. São Paulo: Editora 34, 1997. Disponível em: <http://www.mom.arq.ufmg.br/mom/arq_interface/6a_aula/o_que_e_o_virtual_-_levy.pdf>. Acesso em: 14 mar. 2015.

MACIEL, E. M. P. O fundamento metafísico da ética na compaixão com a negação da vontade. **Controvérsia**, v. 7, n. 2, p. 15-25, maio/ago. 2011.

MANCE, E. A. **O filosofar como prática de cidadania**. Curitiba: Ifil, 1998.

MARCONDES, D. **Iniciação à história da filosofia**: dos pré-socráticos à Wittgenstein. 6. ed. Rio de Janeiro: Zahar, 2001.

MARCONDES, D. **Textos básicos de filosofia**: dos pré-socráticos a Wittgenstein. 2. ed. Rio de Janeiro: Jorge Zahar, 2000.

MATRIX. Direção: Lana Wachowski; Andy Wachowski. EUA: Warner Bros, 1999. 135 min.

MATSUURA, K. Prefacio. In: UNESCO – Organización de las Naciones Unidas para la Educación, la Ciencia y la Cultura. **La filosofía**: una escuela de la libertad. México, D.F.: Universidad Autónoma Metropolitana – Unidad Iztapalapa, 2011. p. 8-9.

MAYOR, F. Uma escola de liberdade. **Livre-Filosofar** – Boletim Informativo do Ifil, Curitiba, ano 7, n. 13, p. 4-6, mar. 1995.

MEIER, C. **Filosofia**: por uma inteligência da complexidade. 2. ed. Belo Horizonte: Pax, 2013.

MELO JUNIOR, C. S. **Web 2.0 e Mashups**: reinventando a internet. Rio de Janeiro: Brasport, 2007.

MENDOZA, A. G. de. **Por el mundo de la filosofía**. Bloomington: Elsa Taylor, 2013.

MINIKOVSKY, C. **Heráclito versus Parmênides**. São Paulo: Biblioteca 24 horas, 2009.

MIRANDA, L. M. et al. Redes sociais na aprendizagem. In: BARROS, D. M. V. et al. (Org.). **Educação e tecnologias**: reflexão, inovação e práticas. Lisboa, 2011. p. 211-230.

MOREIRA, W. Os colégios virtuais e a nova configuração da comunicação científica. **Ciência da Informação**, Brasília, v. 34, n. 1, p. 57-63, jan./abr. 2005.

NARRENSCHIFF: Filosofia, Educação, Pensamento, Cinema, Música e Utopia. **Trecho do diálogo Mênon de Platão**. 2012. Disponível em: <http://escrita cursiva.blogspot.com.br/2012/04/trecho-do-dialogo-menon-de-platao.html>. Acesso em: 8 out. 2014.

NIETZSCHE, F. **O anticristo**. Tradução de André Díspore Cancian. Ciberfil Literatura Digital, 2002. Disponível em: <http://www.dominiopublico.gov.br/download/texto/ph000245.pdf>. Acesso em: 16 mar. 2015.

NIETZSCHE, F. W. **Além do bem e do mal ou Prelúdio de uma filosofia do futuro**. Tradução de Márcio Pugliesi. Curitiba: Hemus, 2001. Disponível em: <http://ghiraldelli.pro.br/wp-content/uploads/alem-do-bem-e-do-mal.pdf>. Acesso em: 15 mar. 2015.

NUNES, P. H. F. **O pensamento político de Thomas Hobbes**. Porto Alegre: Simplíssimo Livros, 2010.

O NOME DA ROSA. Direção: Jean-Jacques Annaud. Alemanha; França; Itália: 20th Century Fox Film Corporation; Warner Bros, 1986. 131 min.

PARANÁ. **Diretrizes curriculares da educação básica**: Filosofia. Curitiba: Secretaria de Estado da Educação do Paraná – Departamento de Educação Básica, 2008. Disponível em: <http://www.educadores.diaadia.pr.gov.br/arquivos/File/diretrizes/dce_filo.pdf>. Acesso em: 3 jun. 2015.

PAULA, A. C. de; SPERBER, S. F. (Org.). **Teoria literária e hermenêutica ricoeuriana**: um diálogo possível. Dourados: UFGD, 2011.

PERINE, M. **Eric Weil e a compreensão do nosso tempo**: ética, política, filosofia. São Paulo: Loyola, 2004.

PINTO, A. dos S.; SILVA, C. S. da; SILVA, J. G. da. O uso da internet como ferramenta pedagógica para o ensino de Filosofia: uma aplicação com alunos do ensino médio de uma escola estadual. **Revista Itec**, v. 4, n. 4, p. 9-15, jul. 2012. Disponível em: <http://www.facos.edu.br/old/galeria/123112012013347.pdf>. Acesso em: 14 mar. 2015.

PLANT, R. **Hegel**: sobre religião e filosofia. São Paulo: Unesp, 2000.

PULS, M. M. **Arquitetura e filosofia**. São Paulo: Annablume, 2006.

ROVIGHI, S. V. **História da filosofia contemporânea**. 3. ed. São Paulo: Loyola, 2004.

RUSSELL, B. **Dúvidas filosóficas**. Portal Domínio Público, 2014. Disponível em: <http://www.dominiopublico.gov.br/download/texto/cv000023.pdf>. Acesso em: 25 set. 2014.

SANÉ, P. Los tres tiempos de la filosofía en la Unesco. In: UNESCO – Organización de las Naciones Unidas para la Educación, la Ciencia y la

Cultura. **La filosofía**: una escuela de la libertad. México, D. F.: Universidad Autónoma Metropolitana – Unidad Iztapalapa, 2011. p. 10-13.

SANTANA, A. L. Conscienciologia. **InfoEscola**, 2014. Disponível em: <http://www.infoescola.com/ciencias/conscienciologia>. Acesso em: 23 out. 2014.

SANTOS, G. F. C. dos. Ágora virtual e democracia: novas demandas sociais. In: CONGRESSO BRASILEIRO DE CIÊNCIAS DA COMUNICAÇÃO, 30., 2007, Santos. **Anais**... Santos: Intercom – Sociedade Brasileira de Estudos Interdisciplinares da Comunicação, 2007. Disponível em: <http://www.intercom.org.br/papers/nacionais/2007/resumos/R2353-1.pdf>. Acesso em: 2 jun. 2015.

SANTOS, G. **Agostinho, o Declínio do Império Romano – filme**. 21 set. 2009. Disponível em: <https://ensaiando.wordpress.com/2009/09/21/agostinho-o-declinio-do-imperio-romano-filme>. Acesso em: 7 abr. 2015.

SCHEUNEMANN, A. V. **Filosofia social**. Canoas: Ulbra, 2010.

SCHOPENHAUER, A. **Los dos problemas fundamentales de la ética**. 3. ed. Madrid: Siglo XXI de España Editores, 2007.

SEED – Secretaria de Estado da Educação do Paraná. Núcleo Regional de Francisco Beltrão. **Filmes sugeridos para aula de Filosofia**. Disponível em: <http://www.nre.seed.pr.gov.br/franciscobeltrao/arquivos/File/disciplinas/Filosofia/lista_de_filmes.pdf>. Acesso em: 11 mar. 2015.

SILVA, J. M. da. Filosofia e comunicação na era virtual. In: BIRCK, B. O.; RODRIGUES, L. P.; PIVATTO, P. S. (Org.). **Filosofia na atualidade**. Porto Alegre: EdiPUCRS, 2007. p. 25-30.

SILVA, M. Prefácio. In: BARROS, D. M. V. et al. (Org.). **Educação e tecnologias**: reflexão, inovação e práticas. Lisboa, 2011. p. 1-6. Disponível em: <http://www.intaead.com.br/ebooks1/livros/pedagogia/18.Educa%E7%E3o%20e%20Tecnologias.pdf>. Acesso em: 10 out. 2014.

SOCIEDADE DOS POETAS MORTOS. Direção: Peter Weir. EUA: Disney; Buena Vista, 1989. 128 min.

STEIN, E. **Mundo vivido**: das vicissitudes e dos usos de um conceito da fenomenologia. Porto Alegre: EdiPUCRS, 2004.

TORRES, L. **Ágora virtual**: novos rumos – primeiro ano do ensino médio. 11 mar. 2011. Disponível em: <http://agoravirtual2.blogspot.com.br>. Acesso em: 21 out. 2014.

TORRES, L. O ensino/aprendizagem de filosofia através do blog: a nova ágora virtual. In: ENCONTRO NACIONAL SOBRE HIPERTEXTO, 3., 2009, Belo Horizonte. **Anais**... Belo Horizonte: 2009. p. 1-11. Disponível em: <https://www.ufpe.br/nehte/hipertexto2009/anais/m-o/o-ensino-aprendizagem-de-filosofia.pdf>. Acesso em: 2 jun. 2015.

TREVISAN, A. L. Paradigmas da filosofia e teorias educacionais: novas perspectivas a partir do conceito de cultura. **Educação e Realidade**, v. 31, n. 1, p. 23-36, jan./jun. 2006. Disponível em: <http://seer.ufrgs.br/index.php/educacaoerealidade/article/view/22999/13273>. Acesso em: 14 mar. 2015.

TRICHES, I. J. et al. **Fundamentos filosóficos da educação**. Curitiba: Iesde, 2009.

UNESCO – Organização das Nações Unidas para a Educação, a Ciência e a Cultura. **Declaração de Paris para a Filosofia**. Paris, 1995.

UNESCO – Organização das Nações Unidas para a Educação, a Ciência e a Cultura; CONSED – Conselho Nacional de Secretários de Educação. **Educação para todos**: o compromisso de Dakar. Brasília: Unesco/Consed, 2001. 70 p. Disponível em: <http://unesdoc.unesco.org/images/0012/001275/127509porb.pdf>. Acesso em: 16 mar. 2015.

UNESCO – Organización de las Naciones Unidas para la Educación, la Ciencia y la Cultura. **La filosofía**: una escuela de la libertad. México, D. F.: Universidad Autónoma Metropolitana – Unidad Iztapalapa, 2011. Disponível em: <http://unesdoc.unesco.org/images/0019/001926/192689s.pdf>; <http://www.ofmx.com.mx/documentos/pdf/Filosofia_unaescueladelalibertad_UNESCO.pdf>. Acesso em: 15 mar. 2015.

UFJF – Universidade Federal de Juiz de Fora. **Filmes sugeridos para aulas de Filosofia (do Ensino Médio Escolar)**. 2014. Disponível em: <http://www.ufjf.br/Filosofia/complementos/estudo-2/filmes-sugeridos-para-aulas-de-Filosofia-ensino-medio-escolar>. Acesso em: 9 abr. 2015.

UOL NOTÍCIAS COTIDIANO. **Procurado há quase 4 anos, médico Roger Abdelmassih é preso no Paraguai**. São Paulo, ago. 2014. Disponível em: <http://noticias.uol.com.br/cotidiano/ultimas-noticias/2014/08/19/procurado-ha-quatro-anos-medico-roger-abdelmassih-e-preso-no-paraguai.htm>. Acesso em: 8 out. 2014.

URSUA, N. L. La filosofía en el ciberespacio o el resurgir del fénix filosófico digital. Un recorrido por el ciberespacio filosófico. **Límite**, v. 1, n. 14, p. 215-237, 2006. Disponível em: <http://www.redalyc.org/pdf/836/83601410.pdf>. Acesso em: 14 mar. 2015.

VELLOSO, R. V. O ciberespaço como ágora eletrônica na sociedade contemporânea. **Ci. Inf.**, Brasília, v. 37, n. 2, p. 103-109, maio/ago. 2008. Disponível em: <http://revista.ibict.br/ciinf/index.php/ciinf/article/view/1046/761>. Acesso em: 2 jun. 2015.

WIKIPÉDIA. **Matrix**. Disponível em: <http://pt.wikipedia.org/wiki/Matrix>. Acesso em: 14 mar. 2015.

ZAIDAN, R. L. Competências para o acesso a sistemas EaD. In: BARROS, D. M. V. et al. (Org.). **Educação e tecnologias**: reflexão, inovação e práticas. Lisboa, 2011. p. 184-209.

Bibliografia Comentada

CEBRIÁN, J. L. **A rede**: como nossas vidas serão transformadas pelos novos meios de comunicação. 2. ed. São Paulo: Summus Editorial, 1998. Disponível em: <http://books.google.com.br/books?id=YrJJUlf1SlMC&pg=PA7&dq=cebri%C3%A1n+redes&hl=pt-BR&sa=X&ei=j5NGVNa2A7fesATO-4GwAQ&ved=0CB4Q6AEwAA#v=onepage&q=cebri%C3%A1n%20redes&f=false>. Acesso em: 14 mar. 2015.

O livro pode ser acessado e lido gratuitamente no endereço eletrônico.

Essa obra de Cebrián traz informações sobre as oportunidades e os desafios da navegação no ciberespaço. Em seu objetivo, busca analisar o impacto da sociedade digital sobre os indivíduos e as consequências disso sobre os relacionamentos, sobretudo as relações familiares, no que diz respeito ao comportamento psicológico individual, bem como investigar acerca da organização política e as implicações econômicas, políticas e sociológicas da nova cultura digital.

DELEUZE, G.; GUATTARI, F. **O que é a filosofia?** Tradução Bento Prado Jr. e Alberto Alonso Munoz. Rio de Janeiro: Ed. 34, 2007. (Coleção Trans). Disponível em: <http://www.famescbji.edu.br/famescbji/biblioteca/livros_Filosofia/O_que_e_Fosofia.pdf>. Acesso em: 12 mar. 2015.

Os autores explicam as condições, as incógnitas e os requisitos concernentes à elaboração da própria obra em questão seguindo o estabelecimento das diferenças que permanecem entre a atividade filosófica e as atividades científica e artística.

Por meio desse livro, o leitor poderá compreender os conceitos e as mudanças pelas quais têm passado a filosofia em uma linguagem clara e agradável, que reforça o interesse em fazer filosofia sempre.

IBER, C. **Introdução à filosofia moderna e contemporânea**: orientação sobre seus métodos [recurso eletrônico]. Porto Alegre: EdiPUCRS, 2012. 182 p. (Série Filosofia; 216). Disponível em: <http://ebooks.pucrs.br/edipucrs/Ebooks/Pdf/978-85-397-0185-8.pdf>. Acesso em: 25 mar. 2015.

Trata-se de um compêndio que traz uma ordenação de etapas e períodos desde o ingresso da era moderna no estudo da filosofia. A divisão da obra em lições permite compreender o enfoque dado pelo autor à filosofia contemporânea e às diferentes direções que têm tomado o estudo desta.

MARCONDES, D. **Textos básicos de filosofia**: dos pré-socráticos a Wittgenstein. 2. ed. Rio de Janeiro: Jorge Zahar Ed., 2000. Disponível em: <http://charlezine.com.br/wp-content/uploads/2011/11/Textos-B%C3%A1sicos-de-Filosofia-dos-pr%C3%A9-socr%C3%A1ticos-a-Wittgenstein-Danilo-Marcondes.pdf>; <http://minhateca.com.br/Marcelo.Lira/Livros+(por+autor)/D/Danilo+Marcondes/Danilo+Marcondes-+Textos+B*c3*a1sicos+de+Filosofia+dos+pr*c3*a9-socr*c3*a1ticos+a+Wittgenstein,25433729.pdf>. Acesso em: 12 mar. 2015.

Nessa obra, o autor pretendeu criar uma forma de escrita que contribuísse para o estudo realizado pelos alunos, visando ao primeiro contato com as fontes da filosofia. O objetivo é estimular o interesse dos estudantes, levando-os a uma leitura aprofundada da obra original que serviu de fonte de consulta. O livro reúne alguns dos textos considerados mais relevantes na tradição filosófica, selecionados em obras clássicas, representativos das doutrinas ao longo do tempo.

UNESCO – Organización de las Naciones Unidas para la Educación, la Ciencia y la Cultura. **La Filosofia**: una escuela de la libertad. México, D. F.: Universidad Autónoma Metropolitana; Unidad Iztapalapa, 2011. Disponível em: <http://unesdoc.unesco.org/images/0019/001926/192689s.pdf>; <http://www.ofmx.com.mx/documentos/pdf/Filosofia_unaescueladelalibertad_UNESCO.pdf>. Acesso em: 15 mar. 2015.

Esse livro pode ser lido ou baixado gratuitamente nos endereços eletrônicos.

A obra da Unesco trata da situação atual do que é feito e do que não é feito no ensino da filosofia na contemporaneidade, estabelecendo um quadro para a leitura e fornecendo pistas e novas orientações. Trata-se, portanto, de uma prática autêntica e uma ferramenta em potencial documentada e atualizada, em que cada leitor encontrará alimento para o pensamento.

Respostas

Capítulo 1

Atividades de autoavaliação
1. c
2. b
3. d
4. d
5. a

Atividades de aprendizagem
1. c
2. c

Capítulo 2

Atividades de autoavaliação
1. a
2. d
3. d
4. a
5. c

Atividades de aprendizagem
1. a
2. b

Capítulo 3

Atividades de autoavaliação
1. b
2. c
3. b
4. d
5. c

Atividades de aprendizagem
1. b
2. d

SOBRE O AUTOR

Adriano Antônio Faria é natural de Lages (SC). Atua profissionalmente como educador, escritor, empresário, palestrante, *coach* e analista comportamental. É mestre e doutorando em Educação pela Universidade Tuiuti do Paraná (UTP), graduado em Filosofia, Teologia, Marketing, Pedagogia, Letras e Direito (em andamento), especialista em Metodologia do Ensino na Educação Superior e em Formação de Docentes e de Orientadores Acadêmicos em EaD e tem MBA em Gestão estratégica e Planejamento.

Educador, inovador, líder, criativo e metódico, é presidente do Instituto de Educação EduSol e gestor dos polos de apoio presencial EduSol, vinculados ao Centro Universitário Uninter, no qual também atua como professor nos cursos de licenciatura em Pedagogia e Filosofia (EaD) e em diversos cursos de especialização. Possui seis livros publicados na área da educação, *marketing*, ética, filosofia, liderança e vida executiva.

Os papéis utilizados neste livro, certificados por instituições ambientais competentes, são recicláveis, provenientes de fontes renováveis e, portanto, um meio **respons**ável e natural de informação e conhecimento.

Impressão: Reproset
Março/2023